SE 07

Curso
MAD360

La diferencia entre aprobar
y sacar plaza

Oficial de Mantenimiento

DIPUTACIÓN PROVINCIAL DE ALICANTE

Si aún no dispones de tu **Curso MAD360**, te ofrecemos un acceso GRATIS de 30 días para que disfrutes de los siguientes recursos:

- Técnicas de Memoria 360.
- MADTEST: Test *online* Nivel PRO.
- Temario en formato digital.
- Planificación de estudio.
- Foro entre opositores hasta la fecha del examen.*
- Recursos y novedades exclusivas.
- Consúltanos sobre tu oposición y proceso selectivo.
- Actualizaciones legislativas (Boletines Oficiales) hasta 60 días antes de la fecha del examen.*

AF212141

Para acceder a esta prueba del Curso MAD360** será necesaria la compra de todos los libros para esta especialidad de la edición 2025.

Regístrate en **mad.es/iniciar-sesion** y en la pestaña BIBLIOTECA valida los códigos que encuentras en la última página de tus libros.

NOTA IMPORTANTE:

* Examen de esta categoría profesional correspondiente a la convocatoria publicada en el BOP de Alicante n.º 46, de 7 de marzo de 2025, o hasta el 30 de abril de 2026, lo que se cumpla antes, y previa renovación del servicio.

** El acceso al CURSO MAD360 estará disponible desde abril de 2025 (algunos recursos podrían estar disponibles en fecha posterior). Tendrá una duración de 30 días RENOVABLES mediante pago, desde la validación de códigos, o hasta el 31 de octubre julio de 2026, lo que se cumpla antes.

MAD se reserva el derecho de ampliar dichas fechas.

Oficial de Mantenimiento de la Diputación Provincial de Alicante

Abril 2025

Oficial de Mantenimiento de la Diputación Provincial de Alicante

Test del
Temario

Autores

LIDIA MARINA PONCE MARTÍNEZ
Licenciada en Psicología
Máster en Terapia Familiar y de Sistemas

FRANCISCO JESÚS TORRES FONSECA
Licenciado en Derecho

FERNANDO BABI RUÍZ
Licenciado en Derecho

ANA M.ª CERVERA SÁNCHEZ
Doctora en Historia Contemporánea

© 7 Editores Recursos para la Cualificación Profesional y el Empleo, S.L. (7 Editores)
© Los autores
Primera edición, abril 2025 (176 páginas)
Derechos de edición reservados a favor de 7 Editores
IMPRESO EN ESPAÑA
Diseño Portada: 7 Editores
Edita: 7 Editores
Avda. San Francisco Javier, 9 · Edificio Sevilla 2 · Planta 11 · Módulos 25-27 · 41018 Sevilla
Teléfono: 954 784 411 · WEB: www.mad.es · e-mail: administracion@7editores.com
ISBN: 978-84-142-9415-4
© "Editorial Mad" y "Eduforma" son nombres comerciales registrados de
7 Editores Recursos para la Cualificación Profesional y el Empleo, S.L.

Índice

TEST GENERAL

La Constitución Española de 1978. Estructura y Principios Fundamentales. Derechos y Deberes Fundamentales. La Corona. La reforma constitucional. Principio de igualdad y su desarrollo según la Ley Orgánica de igualdad de mujeres y hombres: El principio de igualdad y la tutela contra la discriminación. Criterios de actuación de las Administraciones Públicas

1. ¿En qué se fundamenta la Constitución Española?

a) En un Estado social y democrático de Derecho.
b) En la indisoluble unidad de la Nación española.
c) En la independencia de los poderes del Estado.
d) En la organización territorial del Estado.

2. Según el artículo 3 de la CE, el castellano es la lengua oficial del Estado y todos los Españoles:

a) Tienen el deber de usar y el derecho de conocer el castellano.
b) Tienen el derecho y el deber de conocer el castellano.
c) Tienen el deber de conocer y el derecho de usar el castellano.
d) Tienen el derecho de conocer y usar el castellano.

3. La Constitución Española reconoce y garantiza el derecho a la autonomía:

a) De las nacionalidades que la integran.
b) De las regiones que la integran.
c) De las Comunidades Autónomas que la integran.
d) De las nacionalidades y regiones que la integran.

4. El Preámbulo de la Constitución:

a) Tiene en sí carácter de norma jurídica.
b) Es una declaración de intenciones, destinada a interpretar lo que se quiere alcanzar con el contenido normativo de la Constitución.
c) Se trata de un texto sin fuerza jurídica de obligar.
d) Las respuestas b) y c) son correctas.

5. Señala la afirmación correcta, respecto de la aprobación, ratificación y publicación de la Constitución Española:

a) Aprobada por las Cortes el 31 de octubre de 1978, ratificada por el pueblo en referéndum el 6 de diciembre de 1978 y publicada el 29 de diciembre de 1978.

b) Aprobada por las Cortes el 30 de octubre de 1978, ratificada por el pueblo en referéndum el 16 de diciembre de 1978 y publicada el 27 de diciembre de 1978.

c) Aprobada por las Cortes el 31 de octubre de 1978, ratificada por el pueblo en referéndum el 16 de diciembre de 1978 y publicada el 29 de diciembre de 1978.

d) Aprobada por las Cortes el 10 de octubre de 1978, ratificada por el pueblo en referéndum el 26 de diciembre de 1978 y publicada el 30 de diciembre de 1978.

6. ¿En qué parte de la Carta Magna se establece la exposición de motivos que impulsan la norma constitucional y los objetivos que con ella se pretenden alcanzar?

a) En el Título preliminar.

b) En el Preámbulo.

c) En el Título I.

d) En el Título II.

7. La Constitución Española fue sancionada por:

a) El Rey.

b) El Presidente del Congreso.

c) Las Cortes Generales.

d) El Presidente del Gobierno.

8. ¿Cuáles de los siguientes españoles de origen pueden ser privados de su nacionalidad?

a) Exclusivamente los miembros de grupos terroristas.

b) Los miembros de grupos terroristas y los que atenten contra el Rey u otro miembro de la Casa Real.

c) Los que atenten contra un miembro de la Familia Real o del Gobierno de la Nación.

d) Ningún español de origen podrá ser privado de su nacionalidad.

9. Según la CE son fundamentos del orden político y la paz social:

a) La dignidad de la persona, los derechos violables que les son inherentes y el respeto a la ley.

b) La dignidad de la persona, el desarrollo limitado de la personalidad y el respeto a la ley.

c) El respeto a la ley, a los reglamentos administrativos y demás disposiciones legales.

d) La dignidad de la persona, los derechos inviolables que le son inherentes, el libre desarrollo de su personalidad, el respeto a la ley y a los derechos de los demás.

10. ¿Cuál de los siguientes es considerado por la CE como uno de los valores superiores del ordenamiento jurídico?

a) La jerarquía normativa.
b) El pluralismo político.
c) La publicidad normativa.
d) La equidad.

11. La forma política del Estado español es:

a) Democracia parlamentaria.
b) Gobierno parlamentario.
c) Monarquía parlamentaria.
d) República democrática.

12. La parte de la CE que regula la estructura de los principales órganos del Estado recibe el nombre de:

a) Parte dogmática.
b) Parte orgánica.
c) Parte estatal.
d) Parte estructural.

13. Según la CE, la soberanía nacional:

a) Corresponde a las Cortes Generales, al estar compuestas por los representantes del pueblo.
b) Corresponde al Rey.
c) Reside en el pueblo español.
d) Corresponde al Gobierno de la Nación elegido directamente por el pueblo.

14. El derecho a la propiedad en nuestra Constitución es un Derecho:

a) Inherente a la condición humana.
b) Absoluto.
c) Limitado por la función social de la misma.
d) Ninguna de las respuestas anteriores es correcta.

15. ¿En qué parte de la Carta Magna se señalan los valores superiores del ordenamiento jurídico?

a) En el Preámbulo.
b) En el Título Preliminar.
c) En el Título I.
d) Ninguna respuesta es correcta.

16. ¿Cuál de las siguientes es una de las características de nuestra Constitución de 1978?

a) Consensuada.
b) Corta.
c) Conservadora.
d) Originalidad.

17. Las primeras elecciones democráticas celebradas en España tras la muerte de Franco tuvieron lugar en:

a) 1975.
b) 1976.
c) 1977.
d) 1978.

18. El referéndum en el que se aprobó popularmente la Constitución se llevó a efecto el:

a) 27 de diciembre de 1978.
b) 6 de diciembre de 1978.
c) 31 de octubre de 1978.
d) 29 de diciembre de 1979.

19. La ponencia encargada de redactar el borrador de la Constitución se constituyó en el:

a) Senado.
b) Senado y Congreso de los Diputados.
c) Congreso de los Diputados.
d) Gobierno de la Nación.

20. Si un poder público, en su actuación, infringe lo dispuesto en el Preámbulo de la Constitución:

a) Incurre en nulidad.
b) Incurre en inconstitucionalidad.
c) No pasa nada salvo que, como consecuencia de esa actuación, se infrinja un artículo de la propia Constitución.
d) Nada de lo anterior es cierto.

21. Según la Constitución, una norma que imponga una nueva pena más leve para un delito:

a) No se aplica retroactivamente.
b) Puede aplicarse retroactivamente.

c) Ha de ser reglamentaria.
d) Atenta contra el principio de legalidad penal si se aplica retroactivamente.

22. La capital del Estado en España es:

a) La propia de cada Comunidad Autónoma.
b) La villa de Madrid.
c) Aquella donde se establezca en cada momento el Gobierno de la Nación.
d) Aquella en la que resida generalmente el Rey.

23. El Título de la Constitución que trata de la reforma constitucional es el:

a) Primero.
b) Décimo.
c) Noveno.
d) Undécimo.

24. El Título de la Constitución que trata del Gobierno y la Administración es el:

a) Tercero.
b) Cuarto.
c) Quinto.
d) Sexto.

25. Los principios rectores de la política social y económica se regulan en el siguiente Capítulo y Título de la Constitución:

a) Segundo del Primero.
b) Tercero del Primero.
c) Tercero del Preliminar.
d) Primero del Séptimo.

En MADTEST tienes **más preguntas de este tema**, y todos tus avances quedan registrados y se reflejan en el ranking.

¡Supera tus límites con MADTEST!

Solución al test n.º 1

1. b) En la indisoluble unidad de la Nación española.

2. c) Tienen el deber de conocer y el derecho de usar el castellano.

3. d) De las nacionalidades y regiones que la integran.

4. d) Las respuestas b) y c) son correctas.

5. a) Aprobada por las Cortes el 31 de octubre de 1978, ratificada por el pueblo en referéndum el 6 de diciembre de 1978 y publicada el 29 de diciembre de 1978.

6. b) En el Preámbulo.

7. a) El Rey.

8. d) Ningún español de origen podrá ser privado de su nacionalidad.

9. d) La dignidad de la persona, los derechos inviolables que le son inherentes, el libre desarrollo de su personalidad, el respeto a la ley y a los derechos de los demás.

10. b) El pluralismo político.

11. c) Monarquía parlamentaria.

12. b) Parte orgánica.

13. c) Reside en el pueblo español.

14. c) Limitado por la función social de la misma.

15. b) En el Título Preliminar.

16. a) Consensuada.

17. c) 1977.

18. b) 6 de diciembre de 1978.

19. c) Congreso de los Diputados.

20. c) No pasa nada, salvo que, como consecuencia de esa actuación, se infrinja un artículo de la propia Constitución.

21. b) Puede aplicarse retroactivamente.

22. b) La villa de Madrid.

23. b) Décimo.

24. b) Cuarto.

25. b) Tercero del Primero.

El Estatuto de Autonomía de la Comunidad Valenciana. Estructura y Principios Fundamentales. Competencias de la Generalitat Valenciana y su desarrollo normativo. La Generalitat Valenciana: Les Corts: composición, constitución y funciones. El Consell: composición, atribuciones y funcionamiento. Otras Instituciones: El Sindic de Greugues y la Sindicatura de Comptes

1. Les Corts designarán los Senadores que le correspondan para representar la Comunitat Valenciana de conformidad:

a) Con la Ley Electoral General Estatal.
b) Con el Reglamento de Les Corts.
c) Con la Ley de Designación de Senadores en representación de la Comunidad Autónoma.
d) Con la Ley Electoral Valenciana.

2. La Ley Electoral Valenciana precisará, para su aprobación:

a) 2/3 partes de Les Corts.
b) Mayoría absoluta de Les Corts.
c) 3/5 partes de Les Corts.
d) 2/5 partes de Les Corts.

3. Las leyes de la Generalitat serán publicadas:

a) En el Boletín Oficial del Estado, en las dos lenguas oficiales.
b) En el Diario Oficial de la Generalitat.
c) En el Boletín Oficial del Estado, en los quince días siguientes a su aprobación.
d) En el Diario Oficial de la Generalitat con carácter inmediato.

4. ¿Cuál de las siguientes no es función de Les Corts?

a) Exigir la responsabilidad política de un Conseller.
b) Controlar la acción del Consell.
c) Controlar parlamentariamente a la Administración que esté bajo la autoridad de la Generalitat.
d) Interponer recursos de inconstitucionalidad.

5. ¿Cuál de las siguientes no es función de Les Corts?

a) Crear comisiones especiales de investigación.
b) Nombrar al President de la Generalitat.
c) Aprobar las emisiones de deuda pública.
d) Solicitar al Gobierno del Estado la adopción de proyectos de ley.

6. La iniciativa legislativa de Les Corts será ejercida por:

a) Los grupos parlamentarios, exclusivamente.
b) Únicamente por los diputados y diputadas.
c) Por el Consell, los diputados y diputadas de Les Corts, y los grupos parlamentarios de Les Corts.
d) Por el Consell exclusivamente.

7. El Reglamento de Les Corts:

a) Es una norma de rango inferior a ley.
b) Es una norma de rango equivalente al Estatuto de Autonomía.
c) Es una norma administrativa.
d) Tiene rango de ley.

8. El aforamiento de un Diputado o Diputada de Les Corts:

a) Supone la inviolabilidad del mismo.
b) Se extiende a responsabilidad penal y civil.
c) Supone la inmunidad del mismo.
d) Supone que su responsabilidad penal o civil será exigida siempre ante el Tribunal Superior de Justicia de la Comunitat Valenciana.

9. El President de la Generalitat podrá disolver Les Corts:

a) En la forma que determine el Estatuto de Autonomía.
b) En la forma que determine la Ley del Consell.
c) En la forma que determine la Ley Electoral Valenciana.
d) En la forma que determine el Reglamento de Les Corts.

10. Para que Les Corts celebren sesiones en lugar distinto a su sede oficial:

a) Se precisará conformidad del Consell.
b) Se precisa decisión en tal sentido del Consell y de los órganos de gobierno de Les Corts.
c) Se necesita decisión en tal sentido del Presidente del Consell.
d) Se precisa decisión en tal sentido de los órganos de gobierno de Les Corts.

11. Para determinados efectos, el mandato de los Diputados de Les Corts concluye:

a) El día en que se convocan las elecciones.
b) El día en que se celebran las elecciones.
c) El día de antes al de celebración de las elecciones.
d) El día siguiente al que se convocan las elecciones.

12. Las sesiones del Pleno de Les Corts:

a) Tienen que ser públicas salvo en los supuestos en que la ley permita lo contrario.
b) Tienen que ser públicas.
c) Tienen que ser públicas salvo en los supuestos en que el Reglamento de Les Corts permita lo contrario.
d) Tienen que ser públicas salvo en las materias en que el Estatuto de Autonomía permite lo contrario.

13. La denominación del Título III del Estatuto de Autonomía es:

a) La Generalitat
b) Los órganos de la Generalitat.
c) El Gobierno de la Generalitat.
d) Instituciones de la Comunidad Valenciana.

14. Según el Estatuto de Autonomía, ¿qué número de votos deberá haber obtenido el partido, federación, agrupación de electores o coalición que se hayan presentado a las elecciones para poder ser proclamados diputados electos de Les Corts?

a) El 5% de los votos de la Comunidad.
b) El 3% de los votos de su circunscripción electoral.
c) El número de votos que determine la Ley Electoral Valenciana.
d) El 5% de los votos de su circunscripción electoral.

15. El Título III del Estatuto de Autonomía:

a) No tiene Capítulos.
b) Tiene 5 Capítulos.
c) Tiene 3 Capítulos.
d) Tiene 7 Capítulos.

16. Las leyes de la Generalitat son promulgadas:

a) Por el President de la Generalitat.
b) Por el Presidente de Les Corts.
c) Por el Rey.
d) Por el Consell.

17. Les Corts podrán:

a) Presentar en la Mesa del Congreso proyectos de ley y nombrar a los diputados encargados de defenderlas.
b) Solicitar al Gobierno del Estado que este realice un proyecto de ley.
c) Presentar, ante cualquiera de las Cámaras de las Cortes Generales, proyectos de ley y nombrar a los diputados encargados de defenderlas.
d) Remitir al Gobierno del Estado proyectos de ley.

18. El Título III del Estatuto de Autonomía comprende los artículos:

a) 25 a 49, inclusive.
b) 20 a 48, inclusive.
c) 24 a 52, inclusive.
d) 31 a 62, inclusive.

19. La convocatoria de una sesión extraordinaria de Les Corts se realiza por:

a) El Presidente de Les Corts.
b) El Consell.
c) El President de la Generalitat.
d) La Diputación Permanente de Les Corts.

20. Los acuerdos de Les Corts:

a) Se tomarán por mayoría absoluta salvo que el Reglamento de las mismas disponga lo contrario.
b) Se tomarán siempre por mayoría absoluta o por mayoría simple.
c) Se tomarán por mayoría simple, salvo que la ley disponga otra cosa.
d) Se tomarán por mayoría simple, salvo que una disposición expresamente disponga otra cosa.

21. Los firmantes de una moción de censura que no resulte aprobada:

a) No pondrán presentar otra en el mismo año.
b) No podrán votar la siguiente que presente su grupo parlamentario en ese mandato.
c) No podrán presentar otra en el mismo periodo de sesiones.
d) No podrán presentar otra en el mismo año.

22. La proposición a Les Corts de candidato a President de la Generalitat se realizará:

a) Por los grupos parlamentarios.
b) Por el Presidente de Les Corts.
c) Por los partidos políticos con representación en Les Corts.
d) Por los grupos políticos existentes en Les Corts.

23. Si la moción de censura presentada es aprobada:

a) El candidato será nombrado President de la Generalitat.
b) El candidato se someterá a la votación de investidura.
c) El candidato solicitará la ratificación por Les Corts.
d) El candidato disolverá Les Corts, dentro del plazo marcado legalmente, y convocará elecciones.

24. El plazo para repetir la votación de nombramiento de President de la Generalitat, si en la primera no consigue la mayoría absoluta:

a) Es el mismo plazo que dispone en el Estatuto para presentar mociones de censura alternativas.
b) Es de 72 horas.
c) Es el mismo plazo que dispone el Estatuto de espera antes de votar la moción de censura.
d) Es de 48 horas.

25. El debate de elección de President de la Generalitat se realizará:

a) Conforme a las normas determinadas en el Reglamento de Les Corts.
b) Conforme a las normas determinadas en la Ley de Gobierno Valenciano.
c) Tal como determine libremente el Presidente de Les Corts.
d) Tal como determine la ley estatal aplicable.

En MADTEST tienes **más preguntas de este tema**, y todos tus avances quedan registrados y se reflejan en el ranking.

¡Supera tus límites con MADTEST!

Solución al test n.º 2

1. c) Con la Ley de Designación de Senadores en representación de la Comunidad Autónoma.

2. a) 2/3 partes de Les Corts.

3. b) En el Diario Oficial de la Generalitat.

4. a) Exigir la responsabilidad política de un Conseller.

5. b) Nombrar al President de la Generalitat.

6. c) Por el Consell, los diputados y diputadas de Les Corts, y los grupos parlamentarios de Les Corts.

7. d) Tiene rango de ley.

8. b) Se extiende a responsabilidad penal y civil.

9. b) En la forma que determine la Ley del Consell.

10. d) Se precisa decisión en tal sentido de los órganos de gobierno de Les Corts.

11. c) El día de antes al de celebración de las elecciones.

12. c) Tienen que ser públicas salvo en los supuestos en que el Reglamento de Les Corts permita lo contrario.

13. a) La Generalitat.

14. c) El número de votos que determine la Ley Electoral Valenciana.

15. d) Tiene 7 Capítulos.

16. a) Por el President de la Generalitat.

17. b) Solicitar al Gobierno del Estado que este realice un proyecto de ley.

18. b) 20 a 48, inclusive.

19. a) El President de Les Corts.

20. d) Se tomarán por mayoría simple, salvo que una disposición expresamente disponga otra cosa.

21. c) No podrán presentar otra en el mismo periodo de sesiones.

22. b) Por el President de Les Corts.

23. a) El candidato será nombrado President de la Generalitat.

24. d) Es de 48 horas.

25. a) Conforme a las normas determinadas en el Reglamento de Les Corts.

TEST N.º 3

La provincia como entidad local. Organización y competencias. El Pleno Provincial: composición y atribuciones. El Presidente: competencias, delegación de las mismas, y sus resoluciones. La Junta de Gobierno y las Comisiones Informativas

1. De acuerdo con el artículo 141.1 de la Constitución española:

a) La Provincia es una Entidad Local con personalidad jurídica propia, determinada por la agrupación de Municipios y división territorial para el cumplimiento de las actividades de la Comunidad Autónoma.

b) La Provincia es una Entidad Local con personalidad jurídica propia, determinada por la agrupación de comarcas y división territorial para el cumplimiento de las actividades del Estado.

c) La Provincia es una Entidad Local con personalidad jurídica propia, determinada por la agrupación de Municipios y división territorial para el cumplimiento de las actividades del Estado.

d) La Provincia es una Entidad Local con personalidad jurídica propia, determinada por la agrupación de Municipios y división territorial para el cumplimiento de los fines de la Unión Europea.

2. El Decreto de Javier de Burgos fue:

a) El que realizó la efectiva división provincial y fue aprobado en el año 1833.

b) El que aprobó la extinción de las Diputaciones Provinciales en Cataluña.

c) El que realizó la efectiva división provincial y fue aprobado en el año 1843.

d) El que abogó por el carácter regionalista de la provincia.

3. Según la Constitución española:

a) En los Archipiélagos, las Islas tendrán además su administración propia en forma de Cabildos o Consejos.

b) El gobierno y la administración autónoma de las Provincias estarán encomendados a los Ayuntamientos.

c) La Provincia es circunscripción electoral para la elección de Diputados y Senadores.
d) Las respuestas a) y c) son correctas.

4. El territorio de la Nación española se divide en:

a) 40 Provincias.
b) 54 Provincias.
c) 60 Provincias.
d) 50 Provincias.

5. Son fines propios y específicos de la Provincia:

a) Asegurar la prestación integral y adecuada en la totalidad del territorio provincial de los servicios de competencia regional.
b) Participar en la coordinación de la Comunidad Autónoma y el Estado.
c) Garantizar los principios de solidaridad y equilibrio intermunicipales.
d) Asegurar la prestación integral y adecuada en la totalidad del territorio municipal de los servicios públicos.

6. El Presidente de la Diputación deberá jurar o prometer el cargo ante el Pleno de la misma:

a) Ante la Subdelegación del Gobierno.
b) Ante la Delegación del Gobierno.
c) Ante el Pleno de la misma.
d) Ante el Consejo de Diputaciones.

7. El mandato del Presidente de la Diputación será:

a) Por cinco años, pero puede ser destituido de su cargo mediante moción de censura o por la pérdida de una cuestión de confianza.
b) Por seis años, pero puede ser destituido de su cargo mediante moción de censura o por la pérdida de una cuestión de confianza.
c) Por cuatro años, pero puede ser destituido de su cargo mediante moción de censura o por la pérdida de una cuestión de confianza.
d) Por cuatro años, pero puede ser destituido de su cargo por votación de la mitad de los diputados provinciales.

8. No es una atribución del Presidente de la Diputación:

a) El planteamiento de conflictos de competencias a otras Entidades locales y demás Administraciones Públicas.
b) El ejercicio de las acciones judiciales y administrativas y la defensa de la Diputación en las materias de su competencia.
c) Representar a la Diputación.
d) Aprobar las bases de las pruebas para la selección del personal.

9. Corresponde al Presidente de la Diputación:

a) El ejercicio de las acciones judiciales y administrativas y la defensa en cualquier materia.
b) El despido del personal laboral.
c) La organización de la Diputación.
d) Ninguna respuesta es correcta.

10. El Presidente de la Diputación puede delegar el ejercicio de sus atribuciones, salvo:

a) El despido del personal laboral.
b) Concertar operaciones de crédito.
c) Aprobar la oferta de empleo público.
d) Las respuestas a) y b) son correctas.

11. Si una provincia tiene entre 500.001 a 1.000.000 residentes le corresponderá el siguiente número de Diputados:

a) 51.
b) 27.
c) 25.
d) 31.

12. Los Diputados se repartirán entre los Partidos Judiciales de la correspondiente Provincia, mediante el sistema de:

a) Asignar a cada Partido Judicial dos Diputados y distribuir los restantes proporcionalmente a la población de los mismos.
b) Asignar a cada Partido Judicial un Diputado y distribuir los restantes proporcionalmente a la población de los mismos.
c) Asignar a cada Partido Judicial diez Diputados y distribuir los restantes proporcionalmente a la población de los mismos.
d) Asignar a cada Partido Judicial dos Diputados y distribuir los restantes por el sistema de D'Hondt.

13. No corresponde al Pleno de la Diputación:

a) La aprobación de la plantilla de personal y la relación de puestos de trabajo.
b) La aprobación de los planes de carácter provincial.
c) Distribuir las retribuciones complementarias que no sean fijas y periódicas.
d) La declaración de lesividad de los actos de la Diputación.

14. Es una atribución de la Junta de Gobierno de la Diputación:

a) La asistencia al Pleno en el ejercicio de sus atribuciones.
b) La asistencia a las Comisiones Informativas en el ejercicio de sus atribuciones.

c) La asistencia al Presidente en el ejercicio de sus atribuciones.

d) Las atribuciones que el Pleno le delegue.

15. ¿Se puede perder la condición de Vicepresidente de la Diputación?

a) En ningún caso.

b) Sí, por renuncia expresa manifestada por escrito y por pérdida de la condición de miembro de la Junta de Gobierno.

c) Sí, por renuncia expresa manifestada oralmente y por pérdida de la condición de miembro de la Junta de Gobierno.

d) Sí, por renuncia expresa y por pérdida de la condición de miembro del Pleno.

16. Las Comisiones Informativas de las Diputaciones Provinciales:

a) Tienen por función el estudio, informe o resolución de los asuntos que hayan de ser sometidos a la decisión del Pleno.

b) Tienen por función el estudio, informe o consulta de los asuntos que hayan de ser sometidos a la decisión del Pleno.

c) Pueden ser generales y extinguirse automáticamente una vez que hayan dictaminado o informado sobre el asunto que constituye su objeto.

d) Pueden ser permanentes y se constituyen con carácter especial.

17. En relación con la Comisión Especial de Cuentas de la Diputación:

a) Le corresponde el examen y estudio e informe de todas las cuentas, presupuestarias y extrapresupuestarias, que deba aprobar el Pleno de la Corporación.

b) Su constitución, composición e integración y funcionamiento se ajusta a lo señalado para las demás Comisiones Informativas.

c) Le corresponde canalizar la participación de los ciudadanos y de sus asociaciones en materia de cuentas.

d) Las respuestas a) y b) son correctas.

18. La creación, composición, organización, ámbito de actuación y funcionamiento de los Consejos Sectoriales de las Diputaciones:

a) Serán establecidos en el correspondiente acuerdo plenario.

b) Serán establecidos en la correspondiente Resolución del Presidente.

c) Serán establecidos en el correspondiente acuerdo de la Junta de Gobierno.

d) Ninguna respuesta es correcta.

19. Las Provincias podrán realizar:

a) La gestión ordinaria de servicios propios de la Administración Autonómica.

b) La gestión ordinaria de servicios propios de la Administración Estatal.

c) La gestión ordinaria de servicios propios de la comarcas.

d) Todas las respuestas son falsas.

20. Los conflictos de atribuciones que surjan entre órganos y Entidades dependientes de una misma Corporación Local se resolverán:

a) No existen conflictos de atribuciones sino conflictos de jurisdicciones.

b) Los conflictos de atribuciones los resuelve el Estado.

c) Por el Pleno, cuando se trate de conflictos que afecten a órganos colegiados o miembros de estos.

d) No es posible que existan conflictos de atribuciones entre entidades dependientes de una misma Corporación.

21. ¿Podrán las Comunidades Autónomas crear una organización provincial complementaria a la prevista en la Ley de Bases de Régimen Local?

a) Sí.

b) En los casos que establezca el Reglamento Orgánico de la Diputación.

c) Solo en los supuestos establecidos en la ley.

d) Previa autorización de la Administración Estatal.

22. Las competencias delegadas:

a) Preverán técnicas de dirección y control de oportunidad y eficiencia.

b) En algunos casos preverán técnicas de dirección y control de oportunidad y eficiencia.

c) En ningún caso preverán técnicas de dirección y control de oportunidad y eficiencia.

d) Preverán técnicas de dirección pero no de control de oportunidad y eficiencia.

23. Las competencias propias de los Municipios, las Provincias, las Islas y demás Entidades Locales territoriales:

a) Solo podrán ser determinadas por reglamento y se ejercen en régimen de autonomía.

b) Solo podrán ser determinadas por ley y se ejercen en régimen de autonomía.

c) Solo podrán ser determinadas por ley y se ejercen en régimen de jerarquía.

d) Solo podrán ser determinadas por ley y se ejercen en régimen de tutela.

24. En el caso de la cuestión de confianza, si esta se vincula a la aprobación de los Presupuestos anuales, se entenderá otorgada la confianza si en el plazo de un mes desde que se votó el rechazo de la cuestión de confianza:

a) Se aprueba por mayoría simple.

b) No se presenta una moción de censura con candidato alternativo a Presidente.

c) Se aprueba por mayoría absoluta.

d) Las respuestas a) y c) son correctas.

25. Son competencias propias de la Diputación:

a) Cementerios y actividades funerarias.
b) Promoción del deporte e instalaciones deportivas y de ocupación del tiempo libre.
c) Tráfico, estacionamiento de vehículos y movilidad.
d) La prestación de los servicios de administración electrónica y la contratación centralizada en los municipios con población inferior a 20.000 habitantes.

En MADTEST tienes **más preguntas de este tema**, y todos tus avances quedan registrados y se reflejan en el ranking.

¡Supera tus límites con MADTEST!

Solución al test n.º 3

1. c) La Provincia es una Entidad Local con personalidad jurídica propia, determinada por la agrupación de Municipios y división territorial para el cumplimiento de las actividades del Estado.

2. a) El que realizó la efectiva división provincial y fue aprobado en el año 1833.

3. d) Las respuestas a) y c) son correctas.

4. d) 50 Provincias.

5. c) Garantizar los principios de solidaridad y equilibrio intermunicipales.

6. c) Ante el Pleno de la misma.

7. c) Por cuatro años, pero puede ser destituido de su cargo mediante moción de censura o por la pérdida de una cuestión de confianza.

8. a) El planteamiento de conflictos de competencias a otras Entidades locales y demás Administraciones Públicas.

9. b) El despido del personal laboral.

10. d) Las respuestas a) y b) son correctas.

11. b) 27.

12. b) Asignar a cada Partido Judicial un Diputado y distribuir los restantes proporcionalmente a la población de los mismos.

13. c) Distribuir las retribuciones complementarias que no sean fijas y periódicas.

14. c) La asistencia al Presidente en el ejercicio de sus atribuciones.

15. b) Sí, por renuncia expresa manifestada por escrito y por pérdida de la condición de miembro de la Junta de Gobierno.

16. b) Tienen por función el estudio, informe o consulta de los asuntos que hayan de ser sometidos a la decisión del Pleno.

17. d) Las respuestas a) y b) son correctas.

18. a) Serán establecidos en el correspondiente acuerdo plenario.

19. a) La gestión ordinaria de servicios propios de la Administración Autonómica.

20. c) Por el Pleno, cuando se trate de conflictos que afecten a órganos colegiados o miembros de estos.

21. a) Sí.

22. a) Preverán técnicas de dirección y control de oportunidad y eficiencia.

23. b) Solo podrán ser determinadas por ley y se ejercen en régimen de autonomía.

24. b) No se presenta una moción de censura con candidato alternativo a Presidente.

25. d) La prestación de los servicios de administración electrónica y la contratación centralizada en los municipios con población inferior a 20.000 habitantes.

TEST N.º 4

Régimen de sesiones y acuerdos de los órganos de gobierno locales. Actas, certificaciones, comunicaciones, notificaciones y publicación de los acuerdos

1. El Registro General permanecerá abierto al público:

a) Todos los días naturales.
b) Todos los días hábiles.
c) Todos los días incluidos los fines de semana.
d) Los días alternos.

2. En el Registro de Salida se anotarán:

a) Los oficios y notificaciones, certificaciones, expedientes o resoluciones.
b) Los apuntes contables.
c) Las órdenes y comunicaciones.
d) Las respuestas a) y c) son correctas.

3. Si el documento presentado a Registro no reuniera los datos exigidos por la legislación reguladora del procedimiento administrativo común:

a) Se concederá un plazo de tres días para su subsanación.
b) Se invitará al interesado a que retire el documento.
c) Se apercibirá al interesado.
d) Se concederá un plazo de diez días para su subsanación.

4. Atendiendo a su finalidad fundamental, puede definirse la sesión como:

a) Un acto más del procedimiento.
b) Una reunión de los miembros de la Corporación.
c) Un procedimiento que tiene por objeto la formación y declaración de voluntad del órgano colegiado.
d) Una conferencia expositiva.

5. Las sesiones pueden ser:

a) Ordinarias y extraordinarias.
b) Ordinarias y permanentes.
c) Permanentes y especiales.
d) Ordinarias, extraordinarias y extraordinarias urgentes.

6. La periodicidad de las sesiones extraordinarias es:

a) Como mínimo cada mes en los Ayuntamientos de municipios de más de 20.000 habitantes.
b) Cada dos meses en los Ayuntamientos de los municipios de una población entre 5.001 habitantes y 20.000 habitantes.
c) Las sesiones extraordinarias no están sujetas a periodicidad.
d) Cada tres meses en los municipios de hasta 5.000 habitantes.

7. Si el Presidente no convocase el Pleno extraordinario solicitado por la cuarta parte, al menos, del número legal de miembros de la Corporación dentro del plazo de quince días hábiles desde que fuera solicitado:

a) Quedará automáticamente convocado para el décimo día hábil siguiente al de la finalización de dicho plazo, a las once horas.
b) Quedará automáticamente convocado para el undécimo día hábil siguiente al de la finalización de dicho plazo, a las doce horas.
c) Quedará automáticamente convocado para el décimo día hábil siguiente al de la finalización de dicho plazo, a las doce horas.
d) Ninguna respuesta es correcta.

8. La convocatoria de las sesiones dará lugar a la apertura del correspondiente expediente, en el que no deberá constar:

a) La constancia de las tasas que procedan.
b) La relación de expedientes conclusos.
c) La fijación del Orden del Día.
d) Minuta del Acta.

9. En el Orden del Día de las sesiones ordinarias se incluirá el punto de ruegos y preguntas:

a) De todos los asistentes.
b) Siempre.
c) De las asociaciones de vecinos.
d) En determinados casos.

10. ¿Es posible habilitarse otro edificio o local para la celebración de las sesiones?

a) En los casos de fuerza mayor.
b) En ningún caso.
c) Se celebrarán en la Casa Consistorial y si no es posible se suspenderá la sesión.
d) En todo caso, se celebrarán en Palacio Provincial o sede de la Corporación de que se trate.

11. Quien se considere aludido por una intervención podrá solicitar del Alcalde o Presidente:

a) La concesión de un turno por alusiones por tiempo de tres minutos.
b) Retirarse de la sesión.
c) Que se conceda un turno por alusiones, que será breve y conciso.
d) La concesión de un turno por alusiones por tiempo de cinco minutos.

12. ¿En qué consiste la moción?

a) Es la propuesta sometida a Pleno tras el estudio del expediente por la Comisión Informativa.
b) Es la propuesta que se somete a Pleno relativa a un asunto incluido en el Orden del Día sin haber pasado por la Comisión Informativa.
c) Es la propuesta que se somete directamente a conocimiento del Pleno, sobre un asunto no comprendido en el Orden del Día y que no tiene cabida en el punto de ruegos y preguntas.
d) Es la propuesta de modificación de un dictamen formulada por un miembro de la Comisión Informativa.

13. La votación podrá ser:

a) Por nombre y apellidos o por partido político.
b) Nominal, secreta y en voz alta.
c) Secreta y no secreta.
d) Nominal, secreta y ordinaria.

14. La votación secreta:

a) Podrá utilizarse para la aprobación de las Ordenanzas.
b) Solo podrá utilizarse para elección o destitución de personas.
c) Solo podrá utilizarse para la aprobación del Presupuesto.
d) Solo podrá utilizarse para el despido del personal laboral.

15. En los municipios de gran población no se exigirá el voto favorable de la mayoría absoluta del número legal de miembros del Pleno para:

a) La concertación de las operaciones de crédito.
b) Los acuerdos relativos a la participación en organizaciones supramunicipales.
c) La aprobación y modificación de los reglamentos de naturaleza orgánica.
d) Los acuerdos relativos a la delimitación y alteración del término municipal.

16. En los municipios de régimen de gran población se exigirá el voto favorable de la mayoría absoluta del número legal de miembros del Pleno para:

a) La determinación de los recursos propios de carácter tributario.
b) La alteración del nombre y de la capitalidad del municipio.
c) Las dos anteriores son correctas.
d) la aprobación y modificación de los presupuestos.

17. La enajenación de bienes, cuando su cuantía exceda del 20 % de los recursos ordinarios de su presupuesto requerirá:

a) Mayoría simple.
b) Mayoría de dos tercios.
c) Mayoría absoluta.
d) Mayoría de un tercio.

18. Cuando las resoluciones administrativas se dicten por delegación:

a) Se deberá dictar una resolución posterior por la Autoridad delegante.
b) Se acompañará de copia del acuerdo de delegación.
c) Podrá ser revocada en cualquier momento.
d) Se hará constar expresamente esta circunstancia y se considerarán dictadas por la Autoridad que la haya conferido.

19. No se hará constar en el Acta levantada por el Secretario:

a) Día, mes y año.
b) Edad de los miembros asistentes.
c) Asuntos examinados.
d) Hora en que el Presidente levante la sesión.

20. Las certificaciones de todos los actos, resoluciones y acuerdos de los órganos de gobierno de la Entidad:

a) Se expedirán siempre por el Secretario.
b) Se expedirán siempre por el Concejal-Secretario.
c) Se expedirán siempre por el Presidente.
d) Se expedirán siempre por el Secretario, salvo precepto expreso que disponga otra cosa.

21. El responsable de que se remita a los representantes de la Administración General del Estado y de la Comunidad Autónoma un extracto de los actos y acuerdos de una Corporación es, de forma mediata, el:

a) Presidente.
b) El Interventor.
c) Notificador.
d) Jefe de cada Dependencia.

22. El Registro General de una Entidad debe abrirse:

a) Todos los días.
b) Solo los hábiles.
c) Durante toda la jornada laboral.
d) Durante esta jornada, permaneciendo el resto del tiempo un retén.

23. Los Libros del Registro General de un Ayuntamiento pueden salir de la Corporación:

a) Cuando lo decrete el Alcalde y por resolución judicial.
b) Con autorización del Secretario General.
c) Para su custodia.
d) En ningún caso.

24. De los Libros del Registro General de un Ayuntamiento se pueden expedir:

a) Certificaciones.
b) Notificaciones.
c) Asientos.
d) Oficios.

25. Las certificaciones de los asientos de los Libros del Registro General las autoriza:

a) El Presidente.
b) El Secretario.
c) No son posibles.
d) El Encargado del Registro.

En MADTEST tienes **más preguntas de este tema**, y todos tus avances quedan registrados y se reflejan en el ranking.

¡Supera tus límites con MADTEST!

Solución al test n.º 4

1. b) Todos los días hábiles.

2. d) Las respuestas a) y c) son correctas.

3. d) Se concederá un plazo de diez días para su subsanación.

4. c) Un procedimiento que tiene por objeto la formación y declaración de voluntad del órgano colegiado.

5. d) Ordinarias, extraordinarias y extraordinarias urgentes.

6. c) Las sesiones extraordinarias no están sujetas a periodicidad.

7. c) Quedará automáticamente convocado para el décimo día hábil siguiente al de la finalización de dicho plazo, a las doce horas.

8. a) La constancia de las tasas que procedan.

9. b) Siempre.

10. a) En los casos de fuerza mayor.

11. c) Que se conceda un turno por alusiones, que será breve y conciso.

12. c) Es la propuesta que se somete directamente a conocimiento del Pleno, sobre un asunto no comprendido en el Orden del Día y que no tiene cabida en el punto de ruegos y preguntas.

13. d) Nominal, secreta y ordinaria.

14. b) Solo podrá utilizarse para elección o destitución de personas.

15. a) La concertación de las operaciones de crédito.

16. b) La alteración del nombre y de la capitalidad del municipio.

17. c) Mayoría absoluta.

18. d) Se hará constar expresamente esta circunstancia y se considerarán dictadas por la Autoridad que la haya conferido.

19. b) Edad de los miembros asistentes.

20. d) Se expedirán siempre por el Secretario, salvo precepto expreso que disponga otra cosa.

21. a) Presidente.

22. b) Solo los hábiles.

23. d) En ningún caso.

24. a) Certificaciones.

25. b) El Secretario.

TEST ESPECÍFICO

TEST N.º 5

Albañilería: Técnicas y procedimientos, Conceptos generales, herramientas, materiales y ejecución

1. ¿Qué misión principal tiene el peón de albañilería?

a) Realizar estructuras complejas.
b) Supervisar a los oficiales.
c) Asistir al oficial y al ayudante.
d) Calcular presupuestos.

2. ¿Qué herramienta se utiliza para hacer una regola?

a) Llana y nivel.
b) Cincel y martillo.
c) Pala y piqueta.
d) Espátula y paletín.

3. ¿Cuál es el objetivo del encofrado?

a) Decorar superficies.
b) Verificar alineaciones.
c) Moldear el hormigón.
d) Diluir materiales.

4. ¿Qué herramienta tradicional permite comprobar verticalidad en un muro?

a) Nivel de burbuja.
b) Escuadra.
c) Plomada.
d) Flexómetro.

5. ¿Cuál es el proceso que sigue al enfoscado?

a) Guarnecido.
b) Revoque.
c) Enlucido.
d) Estucado.

6. ¿Qué efecto puede causar verter el hormigón desde gran altura en un encofrado?

a) Una mezcla homogénea.
b) Reventar el encofrado.
c) Mayor resistencia.
d) Mejor fraguado.

7. ¿Para qué sirve el tiralíneas en albañilería?

a) Medir ángulos.
b) Transportar masa.
c) Marcar líneas rectas.
d) Mezclar mortero.

8. ¿Qué herramienta es adecuada para comprobar ángulos rectos?

a) Paleta.
b) Escuadra.
c) Tiralíneas.
d) Llana.

9. ¿Qué herramienta se usa para transportar mortero manualmente?

a) Esparavel.
b) Cedazo.
c) Plomada.
d) Escantillón.

10. ¿Qué se debe hacer tras usar una paleta con mortero?

a) Guardarla en aceite.
b) Limpiarla con agua a presión.
c) Ponerla al sol.
d) Dejarla en el cubo.

11. ¿Qué herramienta se usa para alisar el revoque de morteros?

a) Fratás.
b) Paletín.
c) Tiralíneas.
d) Mazo.

12. ¿Cuál es la herramienta que sirve para compactar tierra en zanjas?

a) Mazo.
b) Cedazo.
c) Pisón.
d) Escoda.

13. ¿Qué material es un aglomerante hidráulico?

a) Arena.
b) Cemento.
c) Grava.
d) Yeso.

14. ¿Qué característica principal tiene el yeso blanco?

a) Alta porosidad.
b) Color gris y fraguado lento.
c) Gran finura y fraguado rápido.
d) Alta resistencia al agua.

15. ¿Qué tipo de mortero se usa para enlucir?

a) Graso.
b) Magro.
c) Cementoso.
d) Mortero de yeso.

16. ¿Qué tipo de árido tiene un tamaño superior a 5 mm?

a) Arena.
b) Zahorra.
c) Grava.
d) Polvo.

17. ¿Qué función tiene la cal hidráulica?

a) Endurecer al sol.
b) Reforzar estructuras metálicas.
c) Fraguar en aire y bajo agua.
d) Expandir morteros.

18. ¿Qué debe evitarse al preparar yeso para evitar que quede "muerto"?

a) Añadir cemento.
b) Batir demasiado.

c) Añadir mucha agua.
d) Usar agua caliente.

19. ¿Qué tipo de cubierta permite el paso y permanencia de personas?

a) Inclinada.
b) No transitable.
c) Transitable.
d) Aislada.

20. ¿Qué tipo de humedad es causada por lluvia que penetra por la fachada?

a) Capilar.
b) Meteórica.
c) Condensación.
d) Filtración.

21. ¿Qué elemento permite proteger los ángulos de las paredes?

a) Ladrillo perforado.
b) Talocha.
c) Cantonera.
d) Guarnecido.

22. ¿Cómo se denomina la capa intermedia del guarnecido?

a) Enlucido.
b) Estucado.
c) Revoque.
d) Enfoscado.

23. ¿Qué nombre recibe el sistema de revestimiento con azulejo?

a) Aplacado.
b) Chapado.
c) Enlucido.
d) Alicatado.

24. ¿Cuál es la misión del muro de cerramiento?

a) Soportar peso.
b) Aislar térmica y acústicamente.
c) Dividir espacios interiores.
d) Reforzar cimentación.

25. ¿Qué tipo de tabique se usa frecuentemente en baños y cocinas?

a) Tabique de vidrio.
b) Tabique de cartón-yeso.
c) Tabicón.
d) Tabique doble.

En MADTEST tienes **más preguntas de este tema**, y todos tus avances quedan registrados y se reflejan en el ranking.

¡Supera tus límites con MADTEST!

Solución al test n.º 5

1. c) Asistir al oficial y al ayudante.

2. b) Cincel y martillo.

3. c) Moldear el hormigón.

4. c) Plomada.

5. b) Revoque.

6. b) Reventar el encofrado.

7. c) Marcar líneas rectas.

8. b) Escuadra.

9. a) Esparavel.

10. b) Limpiarla con agua a presión.

11. a) Fratás.

12. c) Pisón.

13. b) Cemento.

14. c) Gran finura y fraguado rápido.

15. d) Mortero de yeso.

16. c) Grava.

17. c) Fraguar en aire y bajo agua.

18. c) Añadir mucha agua.

19. c) Transitable.

20. b) Meteórica.

21. c) Cantonera.

22. c) Revoque.

23. d) Alicatado.

24. b) Aislar térmica y acústicamente.

25. c) Tabicón.

TEST N.º 6

Cerrajería, metalistería: Conceptos generales, herramientas, materiales y ejecución

1. La soldadura de hilo continuo bajo gas protector se produce por el arco que se establece entre el hilo y la pieza que se quiere soldar, en una atmósfera de gas inerte, en la que hilo y pieza se funden. Esta soldadura se denomina también:

a) Soldadura por puntos.
b) Soldadura blanda.
c) Soldadura MIG/MAG.
d) Soldadura oxiacetilénica.

2. El metal que generalmente se suele utilizar para la soldadura blanda es el:

a) Hierro.
b) Zinc.
c) Cobre.
d) Estaño.

3. El sistema de unión de pieza que aporta la ventaja de unir elementos de distintos materiales y no altera ni deforma las chapas finas es:

a) Soldadura dura.
b) Remachado.
c) Encolado y/o pegado.
d) Soldadura blanda.

4. En los sistemas de uniones de piezas y elementos, indica cual de los siguientes no es un elemento de unión fijo:

a) Remache.
b) Pasador.
c) Soldadura.
d) Cola.

5. El remachado se puede considerar un sistema de unión:

a) Fijo.
b) Articulado.
c) Desmontable.
d) Las respuestas a) y c) son correctas.

6. Indica, entre los siguientes, cuál no es un tipo de pasador:

a) Elástico.
b) De aleta.
c) Cuadrado.
d) De horquilla.

7. Entre las más comúnmente utilizadas, encontramos las siguientes uniones articuladas:

a) Bisagras.
b) Tornillos.
c) Espárragos.
d) Tuercas.

8. Entre las más comúnmente utilizadas, encontramos las siguientes uniones desmontables:

a) Grapas.
b) Bridas.
c) Tornillos.
d) Todas las respuestas son correctas.

9. El sistema de unión desmontable que necesita un utillaje poco especializado para realizar las uniones o desmontajes de los elementos es:

a) Unión por grapas.
b) Unión por tornillos.
c) Unión por bridas.
d) Unión por pasadores.

10. Para la sujeción de cables o manguitos, podemos utilizar uniones mediante:

a) Grapas.
b) Tornillos.
c) Bridas.
d) Arandelas.

En MADTEST tienes **más preguntas de este tema**, y todos tus avances quedan registrados y se reflejan en el ranking.

¡Supera tus límites con MADTEST!

Solución al test n.º 6

1. c) Soldadura MIG/MAG.

2. d) Estaño.

3. c) Encolado y/o pegado.

4. b) Pasador.

5. d) Las respuestas a) y c) son correctas.

6. c) Cuadrado.

7. a) Bisagras.

8. d) Todas las respuestas son correctas.

9. b) Unión por tornillos.

10. c) Bridas.

TEST N.º 7

Carpintería de madera: Conceptos generales, herramientas, materiales y ejecución

1. El mantenimiento de los muebles de madera obedece principalmente a tres aspectos: conservación de la madera, restauración de su acabado y reparación de las roturas. ¿Cuál de estas prácticas es propia de la conservación de la madera?

a) Limpieza de la zona afectada: con un formón o una lija, o bien un cepillo, se descama la madera hasta eliminar toda la superficie carcomida.

b) Solo en las superficies barnizadas es posible desarrollar un mantenimiento a base de cuidar el acabado con tratamientos de nuevos barnices y ceras.

c) Es necesario revisar periódicamente los muebles y rociar sobre estos productos antiparásitos.

d) Es preciso desmontar la pieza suelta y volver a encolar con cola blanca para madera.

2. ¿Cuál de las siguientes afirmaciones es correcta en lo relativo al barnizado?

a) La fuerza y la velocidad pueden, generalmente, graduarse en todos los modelos.

b) Entre mano y mano de cualquier barniz, meteremos la brocha en agua, al no secar se el barniz las cerdas no se pegan.

c) El efecto de la veladura coloreada, a la vez que asoma la beta de la madera, se logra añadiendo el color en el diluyente y no directamente sobre el barniz.

d) Las respuestas b) y c) son correctas.

3. Dentro del canteado de tableros, hay dos técnicas interesantes, según sea el canto que usemos. Señala una, de esas dos técnicas, que aparece entre las opciones:

a) Melamínico.
b) Algodón.
c) Rechapado.
d) Encolado.

4. ¿En cuál de estos aglomerados la madera es vulnerable a los cambios atmosféricos, sobre todo, a los debidos a la humedad?

a) Aglomerado de contrachapado.
b) Aglomerado de chapado.
c) Las respuestas a) y b) son correctas.
d) Ninguna de las anteriores es correcta.

5. Señala a qué clase de contrachapado corresponde la siguiente definición: "está indicado para usos industriales en los que la resistencia y durabilidad son las características primordiales. Las caras suelen ser de peor calidad":

a) Contrachapado náutico.
b) Contrachapado estructural.
c) Contrachapado exterior.
d) Contrachapado interior.

6. La madera puede clasificarse de diversas formas, entre ellas, la madera puede clasificarse dependiendo de si son duras o blandas. Señala cuál de las opciones es un ejemplo de madera blanda:

a) Cerezo.
b) Tilo.
c) Roble.
d) Ciprés.

7. Señala qué tipo de árbol se corresponde con la siguiente definición: "madera amarillenta con veteados oscuros. Su estructura es dura y compacta, y se pule muy bien. Se usa para objetos de lujo":

a) Olivo.
b) Abedul.
c) Eucalipto.
d) Pinsapo.

8. El hierro fue el primer material usado, de forma general, para complementar las construcciones de madera; ¿qué nombre reciben estos elementos metálicos incorporados?

a) Herramientas.
b) Herrajes.
c) Armas.
d) Útiles.

9. Los clavos son unas piezas metálicas, largas, delgadas y afiladas. Las puntas, por su parte, son clavos pequeños usados para trabajos finos y se distinguen según la forma de su cabeza. Siendo así, ¿cuál de las siguientes definiciones se corresponde con la punta de cabeza perdida?

a) Es un clavo de fuste delgado, se utiliza en las juntas a tope y a inglete. La cabeza se oculta en la superficie.

b) Sirven para sujetar vidrios, chapas de madera, etc.

c) Tienen un fuste de sección ovalada, lo que reduce el riesgo de rayar la madera. La cabeza se puede ocultar en la madera.

d) Se usa para sujetar alambradas o telas metálicas.

10. Las bisagras son los herrajes que utilizan los bastidores que tienen movimiento de rotación. De entre los más usados, cuál se corresponde con la siguiente definición: "son parecidos a las bisagras y con idéntica finalidad; también de ellos hay una gran variedad":

a) Bisagras.

b) Goznes.

c) Pernios.

d) Pivotes.

11. Las cerraduras son los herrajes más empleados para la función de cierre. Su órgano principal es el pestillo, que, como movimiento de deslizamiento rectilíneo, se introduce en una armella que va asegurada en un montaje fijo. Se distinguen entre ellas según su función, materiales y utilidad y constitución. En esta línea, ¿cuál de las siguientes opciones caracteriza a las cerraduras según su función?

a) Hierro.

b) Seguridad.

c) Cerraduras de carpintería.

d) Todas las anteriores son correctas.

12. Por su parte, los tiradores son herrajes esencialmente funcionales, pero también se usan con frecuencia como elemento decorativo para embellecer cajones y muebles. Clasificados según su diseño, señala cuál de estas opciones se ajusta a la siguiente definición: "se compone de una chapa de latón en la que se embute un asa pivotante o un aro. El tirador se empotra en el frente del cajón y se fija atornillado":

a) Tirador común.

b) Tirador de aldabilla.

c) Tirador de anilla.

d) Tirador de empotrar.

13. ¿Cuál de las siguientes afirmaciones se corresponde con la lezna?

a) Se utiliza solo para hacer pequeños agujeros en madera o para iniciar el atornillado de un tirafondo.

b) Es un instrumento para realizar pequeños agujeros en maderas, cueros, etc., con el objeto de que los tornillos agarren bien y no resbalen antes de usar el destornillador.

c) Es una herramienta en desuso debido a la proliferación de los taladros eléctricos y a los taladros o atornilladores de batería.

d) Es una barrena sin manija. Instrumento, generalmente de acero, para taladrar o hacer agujeros en superficies duras.

14. De entre estas herramientas manuales de carpintería, ¿cuál es la herramienta antecesora del taladro?

a) Barreno.
b) Berbiquí.
c) Broca.
d) Las respuestas a) y b) son correctas.

15. Las siguientes opciones responden a herramientas de corte, a excepción de:

a) Serrucho de costilla.
b) Segueta.
c) Brocas largas.
d) Sierra de bastidor o de San José.

En MADTEST tienes **más preguntas de este tema**, y todos tus avances quedan registrados y se reflejan en el ranking.

¡Supera tus límites con MADTEST!

Solución al test n.º 7

1. c) Es necesario revisar periódicamente los muebles y rociar sobre estos productos antiparásitos.

2. d) Las respuestas b) y c) son correctas.

3. d) Encolado.

4. a) Aglomerado de contrachapado.

5. b) Contrachapado estructural.

6. b) Tilo.

7. a) Olivo.

8. b) Herrajes.

9. a) Es un clavo de fuste delgado, se utiliza en las juntas a tope y a inglete. La cabeza se oculta en la superficie.

10. c) Pernios.

11. b) Seguridad.

12. d) Tirador de empotrar.

13. b) Es un instrumento para realizar pequeños agujeros en maderas, cueros, etc., con el objeto de que los tornillos agarren bien y no resbalen antes de usar el destornillador.

14. b) Berbiquí.

15. c) Brocas largas.

TEST N.º 8

Cristalería: Conceptos generales, herramientas, materiales y ejecución

1. ¿Cuál es el principal factor a tener en cuenta en el almacenamiento de vidrio?

a) Las condiciones de humedad y temperatura para evitar deterioros químicos y mecánicos.
b) La temperatura del entorno.
c) Su grosor y peso.
d) La ubicación del almacén dentro del edificio.

2. ¿Qué elemento se debe utilizar en los caballetes de almacenamiento de vidrio para evitar daños?

a) Plástico rígido.
b) Metal sin recubrimiento.
c) Materiales blandos como fieltro o neopreno.
d) Cartón corrugado.

3. ¿Cómo debe realizarse la limpieza de un vidrio con tratamiento de capas?

a) Con productos abrasivos.
b) Secando con un paño suave y limpio tras el aclarado.
c) Dejándolo secar al aire sin intervención.
d) Solo con agua destilada.

4. ¿Dónde deben almacenarse los vidrios en obra?

a) En cualquier lugar disponible.
b) En zonas de paso para facilitar su acceso.
c) Apilados sin separación entre ellos.
d) Al abrigo de la humedad, sol y polvo, sobre una superficie plana y resistente.

5. ¿Cómo se debe marcar un vidrio antes de cortarlo?

a) Con un lápiz de grafito.
b) Con un cúter afilado.
c) Con un lápiz graso o rotulador, marcando solo los extremos.
d) Con un bolígrafo de punta fina.

6. ¿Qué herramienta se usa para eliminar los restos de corte en el vidrio?

a) Lima de acero inoxidable.
b) Destornillador de punta fina.
c) Tenazas.
d) Lijadora eléctrica.

7. ¿Qué herramienta es recomendable para evitar cortes al manipular vidrio?

a) Papel de lija convencional.
b) Tijeras de metal.
c) Lija de mano diamantada.
d) Broca de carburo de tungsteno.

8. ¿Cuál es la principal función de la masilla en la colocación de cristales?

a) Garantizar la estanqueidad al agua y al aire.
b) Asegurar la flexibilidad del vidrio.
c) Evitar la condensación de humedad.
d) Facilitar la limpieza del vidrio.

9. ¿Qué material es incompatible con la masilla de aceite de linaza?

a) Acero inoxidable.
b) Madera tratada.
c) Hormigón no tratado.
d) Neopreno.

10. ¿Qué herramienta se usa para realizar orificios en cristales?

a) Taladro de percusión.
b) Tijeras para metal.
c) Broca de punta de lanza.
d) Cúter de precisión.

En MADTEST tienes **más preguntas de este tema**, y todos tus avances quedan registrados y se reflejan en el ranking.

¡Supera tus límites con MADTEST!

Solución al test n.º 8

1. a) Las condiciones de humedad y temperatura para evitar deterioros químicos y mecánicos.

2. c) Materiales blandos como fieltro o neopreno.

3. b) Secando con un paño suave y limpio tras el aclarado.

4. d) Al abrigo de la humedad, sol y polvo, sobre una superficie plana y resistente.

5. c) Con un lápiz graso o rotulador, marcando solo los extremos.

6. c) Tenazas.

7. c) Lija de mano diamantada.

8. a) Garantizar la estanqueidad al agua y al aire.

9. c) Hormigón no tratado.

10. c) Broca de punta de lanza.

Electricidad: Conceptos generales, herramientas, materiales y ejecución

1. Son alicates utilizados para el curvado de alambres:

a) De punta plana.
b) De punta redonda.
c) De punta acodada.
d) De punta fina.

2. El tubo protector de plástico flexible recibe el nombre de:

a) Tubo de PVC.
b) Coarrugado.
c) Corrugado.
d) Ninguna de las respuestas anteriores es correcta.

3. El curvado de los tubos protectores de plástico rígido se suelen hacer con:

a) Un hornillo.
b) Soplete.
c) Decapador de aire caliente.
d) Todas las respuestas anteriores son correctas.

4. El roscado de los tubos protectores de plástico rígido se suele hacer con:

a) Un destornillador.
b) Un decapador de aire caliente.
c) La terraja.
d) Ninguna de las anteriores respuestas es correcta.

5. La cortadora de tubos está asociada a los tubos:

a) De plástico rígidos.
b) Metálicos rígidos.

c) Corrugados.
d) De mangueras.

6. Para comprobar la continuidad de un conductor se usa:

a) El óhmetro.
b) El ohmnímetro.
c) El polímetro.
d) Todas las respuestas anteriores son correctas.

7. La intensidad de corriente se mide con:

a) El polímetro, modo tensión.
b) El óhmetro.
c) El voltímetro.
d) El amperímetro.

8. La tensión se mide con:

a) El polímetro, modo amperios.
b) El óhmetro.
c) El voltímetro.
d) El amperímetro.

9. El amperímetro se conecta a la instalación en:

a) Paralelo.
b) Modo apagado.
c) Serie.
d) Modo detección.

10. El voltímetro se conecta a la instalación en:

a) Paralelo.
b) Modo apagado.
c) Serie.
d) Modo detección.

En MADTEST tienes **más preguntas de este tema**, y todos tus avances quedan registrados y se reflejan en el ranking.

¡Supera tus límites con MADTEST!

Solución al test n.º 9

1. b) De punta redonda.

2. c) Corrugado.

3. d) Todas las respuestas anteriores son correctas.

4. c) La terraja.

5. b) Metálicos rígidos.

6. d) Todas las respuestas anteriores son correctas.

7. d) El amperímetro.

8. c) El voltímetro.

9. c) Serie.

10. a) Paralelo.

TEST N.º 10

Pintura: Conceptos generales, herramientas, materiales y ejecución

1. Señale cuál de las siguientes tareas no es propia para ser desarrollada por el peón:

a) Emplastecer pequeñas superficies.
b) Pintar fachadas.
c) Preparar mezclas de pintura.
d) Mantener la distancia de seguridad entre el público y el lugar donde se desarrolle el trabajo.

2. Si queremos pintar ángulos o rincones de una gran superficie, utilizaremos:

a) Almohadilla.
b) Pistola.
c) Rodillo.
d) Brocha.

3. ¿Cómo se llama la técnica de pintura que se obtiene mezclando polvo de tiza y pintura acrílica para dar a la pared un efecto agrietado?

a) Estucado.
b) Craquelado.
c) Trapeado.
d) Lacado.

4. Técnica en la que se aplica primero una capa de pintura, antes de que seque se pasa un trapo, después se hacen líneas con un pincel fino para hacer efecto de vetas y por último, se difuminan las líneas con una brocha. Nos referimos al:

a) Lacado.
b) Patinas.

c) Bruñido.
d) Marmolado.

5. A la hora de preparar el soporte donde se va a pintar, eliminar los restos de capa de un antiguo recubrimiento que se halla en mal estado por medio de calor o acciones químicas se denomina:

a) Decapado.
b) Rascado.
c) Lavado.
d) Desengrasado.

6. Debemos tener en cuenta algunas pautas para pintar. De manera general, no se pintará:

a) De abajo hacia arriba.
b) Primero el techo.
c) Si está lloviendo.
d) Empezando por la pared de la ventana.

7. Las pinturas al aceite, esmalte oleosintéticos y sintéticos secan por:

a) Secado físico.
b) Secado químico.
c) Secado por oxidación.
d) Secado artificial.

8. Para resolver el problema de las señales de brochazos sobre la pintura es preciso:

a) Lijar la superficie y darle una capa muy fina.
b) Dar varias capas para lograr igualar la superficie.
c) Extender una capa gruesa de pintura.
d) Repasar la pintura cuando aún no está totalmente seca.

9. ¿A qué se debe que, conforme se realiza el trabajo de pintura, pueden aparecer películas elásticas que se mezclan con ella?

a) El paramento no está bien alisado.
b) El paramento posee humedades o filtraciones.
c) Se carga en exceso el pincel o el rodillo.
d) La pintura ha estado expuesta al aire.

10. Cuando la pintura no se extiende de forma uniforme puede deberse a varias razones. Señale la que no corresponda:

a) Uso excesivo de diluyente.
b) Falta de homogeneización de la pintura.
c) Poca calidad de la pintura empleada.
d) Presencia de agua en los útiles de trabajo.

En MADTEST tienes **más preguntas de este tema**, y todos tus avances quedan registrados y se reflejan en el ranking.

¡Supera tus límites con MADTEST!

Solución al test n.º 10

1. b) Pintar fachadas.

2. d) Brocha.

3. b) Craquelado.

4. d) Marmolado.

5. a) Decapado.

6. c) Si está lloviendo.

7. c) Secado por oxidación.

8. a) Lijar la superficie y darle una capa muy fina.

9. d) La pintura ha estado expuesta al aire.

10. c) Poca calidad de la pintura empleada.

Instrumentos de medida, instrumentos de trazado y planos en construcción

1. ¿Qué dimensiones aproximadas tiene una regla de albañil?

a) 30 x 100 x 2000 mm.
b) 25 x 100 x 1500 mm.
c) 20 x 200 x 1800 mm.
d) 40 x 120 x 1000 mm.

2. ¿De qué material suelen estar hechas las cintas de los flexómetros?

a) Fibra de vidrio.
b) Acero inoxidable.
c) Acero al carbono.
d) Polipropileno.

3. ¿Qué elemento evita que la cinta del flexómetro sea absorbida por la caja?

a) El freno.
b) El clip.
c) El muelle.
d) La uña.

4. ¿Qué característica presenta una buena cinta en cuanto al test JIS?

a) Resistir unos 500 ciclos sin que se borre la pintura.
b) Ser flexible y de color amarillo.
c) Tener una anchura superior a 25 mm.
d) No reflejar la luz en condiciones de baja visibilidad.

5. ¿Qué función añade el flexómetro electrónico que el tradicional no tiene?

a) Es más resistente.
b) No requiere calibración.

c) Permite lectura en pantalla LCD.
d) Tiene cinta más corta.

6. ¿Qué forma tiene comúnmente la punta trazadora?

a) Espiral.
b) Curva.
c) Plana.
d) Varilla con extremos doblados a 90º.

7. ¿Cómo se denomina también al tornillo micrométrico?

a) Palmer.
b) Nonio.
c) Escalímetro.
d) Vernier.

8. ¿Qué nombre recibe también el calibrador o calibre?

a) Palmer.
b) Tiralíneas.
c) Pie de rey.
d) Cartabón.

9. ¿Qué se puede medir con una galga de radios?

a) Temperatura.
b) Nivel de burbuja.
c) Radios cóncavos y convexos.
d) Espesores internos.

10. ¿Qué uso tiene una galga de espesores?

a) Marcar ángulos rectos.
b) Medir ranuras estrechas y calibrar separaciones.
c) Controlar nivelaciones.
d) Marcar ángulos de 45º.

En MADTEST tienes **más preguntas de este tema**, y todos tus avances quedan registrados y se reflejan en el ranking.

¡Supera tus límites con MADTEST!

Solución al test n.º 11

1. a) 30 x 100 x 2000 mm.

2. c) Acero al carbono.

3. d) La uña.

4. a) Resistir unos 500 ciclos sin que se borre la pintura.

5. c) Permite lectura en pantalla LCD.

6. d) Varilla con extremos doblados a 90°.

7. a) Palmer.

8. c) Pie de rey.

9. c) Radios cóncavos y convexos.

10. b) Medir ranuras estrechas y calibrar separaciones.

TEST N.º 12

Instalaciones de protección contra incendios: Mantenimiento mínimo según anexo de la guía técnica de aplicación del reglamento que regula las instalaciones de protección contra incendios

1. ¿Cuál de las siguientes afirmaciones es correcta respecto a los medios de protección contra incendios?

a) La protección activa contra incendios se basa exclusivamente en el diseño del edificio para minimizar las consecuencias de un incendio.

b) La protección pasiva contra incendios incluye la detección, alarma y extinción de incendios.

c) La protección activa contra incendios engloba los sistemas de detección, alarma y extinción de incendios.

d) La protección pasiva contra incendios está compuesta únicamente por los extintores y las bocas de incendio equipadas.

2. ¿Cuál de las siguientes afirmaciones es correcta respecto a los sistemas de detección y alarma de incendios?:?

a)Los detectores de humo por aspiración pertenecen a los sistemas de abastecimiento de agua contra incendios.

b) El equipo de control e indicación (e.c.i.) permite identificar la zona donde se ha activado un detector o pulsador de alarma.

c) Los pulsadores de alarma deben instalarse a una altura mínima de 140 cm del suelo.

d) El nivel sonoro de los dispositivos de alarma de incendio debe ser inferior a 60 dB(A) en todos los casos.

3. Respecto a los sistemas de hidrantes contra incendios:

a) Los hidrantes contra incendios pueden ser de columna o subterráneos, sin necesidad de cumplir normas específicas.

b) La distancia máxima entre un hidrante y cualquier punto protegido debe ser siempre de 40 metros.

c)El caudal mínimo requerido por cada boca de hidrante contra incendios es de 100 l/min en cualquier zona.

d) Los hidrantes deben estar situados en lugares accesibles, fuera de zonas de circulación y estacionamiento de vehículos.

4. ¿Cuál de las siguientes afirmaciones es correcta respecto a los extintores de incendio?:?

a) Los extintores portátiles pueden tener cualquier peso, siempre que sean de fácil manejo.

b) Los extintores de polvo pueden utilizarse en fuegos de clase A, B, C y eléctricos.

c) Los extintores móviles deben cumplir con la norma UNE-EN 3-7 y UNE-EN 3-10.

d) La distancia máxima a recorrer desde cualquier punto hasta un extintor debe ser de 25 metros.

5. ¿Qué diámetro interior deben tener las mangueras de las bocas de incendio equipadas (BIE) según el tipo de manguera?:?

a) 25 mm para mangueras semirrígidas y 45 mm para mangueras planas.

b) 20 mm para mangueras semirrígidas y 45 mm para mangueras planas.

c) 30 mm para mangueras semirrígidas y 50 mm para mangueras planas.

d) 25 mm para mangueras semirrígidas y 50 mm para mangueras planas.

6. ¿A qué altura sobre el nivel del suelo deben situarse las bocas de salida de la columna seca?:?

a) 1,20 m.

b) 0,90 m.

c) 1,50 m.

d) 0,75 m.

7. ¿Qué norma regula el diseño y las condiciones de instalación de los sistemas de extinción por rociadores automáticos?:?

a) UNE-EN 12259.

b) UNE 23400.

c) UNE 23501.

d) UNE-EN 12845.

8. ¿Qué norma regula las características, especificaciones y condiciones de instalación de los sistemas fijos de extinción por agua nebulizada?:?

a) UNE-EN 13565-2.

b) UNE-EN 1568-1.

c) UNE-CEN/TS 14972.
d) UNE-EN 13565-1.

9. ¿Qué norma regula el diseño y las condiciones de instalación de los sistemas fijos de extinción por polvo?:?

a) UNE-EN 12416-2.
b) UNE-EN 12416-1.
c) UNE-EN 615.
d) UNE-EN 13565-2.

10. ¿Qué norma regula el diseño y las condiciones de instalación de los sistemas fijos de extinción por agentes extintores gaseosos?:?

a) UNE-EN 12416-2.
b) UNE-EN 15004-1.
c) UNE-EN 615.
d) UNE-EN 13565-2.

11. ¿Qué incluye la protección activa contra incendios?

a) Solo equipos manuales.
b) Sistemas de evacuación.
c) Diseño arquitectónico.
d) Sistemas de detección, alarma y extinción.

12. ¿Qué tipo de detector es parte de un sistema de detección de incendios?

a) Detector de presión.
b) Detector de humo lineal.
c) Detector de agua.
d) Detector sísmico.

13. La distancia máxima desde cualquier punto a un pulsador de alarma no debe exceder:

a) 15 metros.
b) 35 metros.
c) 25 metros.
d) 10 metros.

14. ¿Qué norma regula el sistema de abastecimiento de agua contra incendios?

a) UNE 15004.
b) UNE 12845.

c) UNE 23500.
d) UNE 23035.

15. Los hidrantes bajo tierra deben cumplir con la norma:

a) UNE-EN 14384.
b) UNE-EN 14339.
c) UNE-EN 671-1.
d) UNE-EN 13565.

16. ¿Cuál es la presión mínima exigida en zonas no urbanas para hidrantes?

a) 100 kPa.
b) 250 kPa.
c) 500 kPa.
d) 1000 kPa.

17. ¿Cuál es la altura máxima de instalación recomendada para un extintor portátil?

a) 60 cm.
b) 130 cm.
c) 120 cm.
d) 150 cm.

18. ¿Qué agente extintor es adecuado para fuegos de clase F?

a) Espuma.
b) Polvo.
c) CO2.
d) Agua.

19. ¿Qué diámetro interior tienen las mangueras planas en las BIE?

a) 25 mm.
b) 45 mm.
c) 30 mm.
d) 50 mm.

20. ¿Cuál es el caudal mínimo a garantizar por dos BIE hidráulicamente más desfavorables?

a) 10 L/min.
b) 500 L/min.
c) 50 L/min.
d) 300 L/min.

21. En una columna seca, ¿dónde debe ubicarse la toma de agua para bomberos?

a) En el sótano.
b) En fachada o zona accesible.
c) En la cubierta.
d) En el centro del edificio.

22. ¿Qué norma se aplica al diseño de sistemas de rociadores automáticos?

a) UNE 23032.
b) UNE-EN 12845.
c) UNE-EN 671-3.
d) UNE 23584.

23. En sistemas de polvo, ¿qué característica deben tener los mecanismos de disparo?

a) Ser automáticos siempre.
b) Ser inalámbricos.
c) Tener retardo y prealarma.
d) Activarse por temperatura.

24. ¿Qué sistema limita el movimiento de humo mediante diferencias de presión?

a) Ventilación natural.
b) Extracción forzada.
c) Presurización diferencial.
d) Ventilación horizontal.

25. ¿Qué vida útil se asume por defecto para señales fotoluminiscentes sin dato del fabricante?

a) 5 años.
b) 10 años.
c) 15 años.
d) 20 años.

En MADTEST tienes **más preguntas de este tema**, y todos tus avances quedan registrados y se reflejan en el ranking.

¡Supera tus límites con MADTEST!

Solución al test n.º 12

1. c) La protección activa contra incendios engloba los sistemas de detección, alarma y extinción de incendios.

2. b) El equipo de control e indicación (eci) permite identificar la zona donde se ha activado un detector o pulsador de alarma.

3. d) Los hidrantes deben estar situados en lugares accesibles, fuera de zonas de circulación y estacionamiento de vehículos.

4. b) Los extintores de polvo pueden utilizarse en fuegos de clase A, B, C y eléctricos.

5. a) 25 mm para mangueras semirrígidas y 45 mm para mangueras planas.

6. b) 0,90 m.

7. d) UNE-EN 12845.

8. c) UNE-CEN/TS 14972.

9. a) UNE-EN 12416-2.

10. b) UNE-EN 15004-1.

11. d) Sistemas de detección, alarma y extinción.

12. b) Detector de humo lineal.

13. c) 25 metros.

14. c) UNE 23500.

15. b) UNE-EN 14339.

16. c) 500 kPa.

17. c) 120 cm.

18. a) Espuma.

19. b) 45 mm.

20. b) 500 L/min.

21. b) En fachada o zona accesible.

22. b) UNE-EN 12845.

23. c) Tener retardo y prealarma.

24. c) Presurización diferencial.

25. b) 10 años.

Instalaciones de climatización: Mantenimiento y uso según la Instrucción Técnica del Reglamento de Instalaciones Térmicas en los Edificios

1. Junto con el Código Técnico de la Edificación por el Real Decreto 314/2006, de 17 de marzo, ¿qué otra norma motivó la elaboración del Real Decreto 1027/2007, de 20 de julio, por el que se aprueba el Reglamento de Instalaciones Térmicas en los Edificios (RITE)?

a) El Real Decreto 1751/1998, de 31 de julio.
b) La Directiva 2002/91/CE, de 16 de diciembre, de eficiencia energética de los edificios.
c) La Ley 38/2003, de 17 de noviembre, General de Subvenciones.
d) Real Decreto 312/2005, de 18 de marzo, por el que se aprueba la clasificación de los productos de construcción y de los elementos constructivos en función de sus propiedades de reacción y de resistencia frente al fuego.

2. ¿Qué norma aprueba el vigente Reglamento de Instalaciones Térmicas en los Edificios (RITE)?

a) El Real Decreto 1751/1998, de 31 de julio, por el que se aprueba el Reglamento de Instalaciones Térmicas en los Edificios (RITE) y sus Instrucciones Técnicas Complementarias (ITE) y se crea la Comisión Asesora para las Instalaciones Térmicas de los Edificios.
b) La Directiva 2002/91/CE, de 16 de diciembre, de eficiencia energética de los edificios.
c) El Real Decreto 1027/2007, de 20 de julio, por el que se aprueba el Reglamento de Instalaciones Térmicas en los Edificios (RITE).
d) La Ley 38/1999, de 5 de noviembre, de Ordenación de la Edificación.

3. Según lo dispuesto en el artículo 12.5 de la Ley 21/1992, de 16 de julio, ¿a quién corresponde la competencia en materia de Industria en virtud de la cual se promulgó el vigente Reglamento de Instalaciones Térmicas en los Edificios (RITE)?

a) Al Gobierno de la Nación.
b) A las Comunidades Autónomas.
c) A la Comunidad Europea.
d) A las Diputaciones Provinciales.

4. ¿Pueden las Comunidades Autónomas dictar su propia legislación en materia de Industria sobre la misma materia que versa el Reglamento de Instalaciones Térmicas en los Edificios (RITE)?

a) No, en ningún caso.

b) Sí, todas las Comunidades Autónomas pueden desarrollar su propia legislación en materia de industria que sustituirá al RITE.

c) Las Comunidades Autónomas con competencia legislativa sobre industria pueden introducir requisitos adicionales sobre las mismas materias cuando se trate de instalaciones radicadas en su territorio.

d) Las Comunidades Autónomas con competencia legislativa sobre industria pueden introducir requisitos distintos sobre las mismas materias cuando se trate de instalaciones radicadas en el territorio nacional.

5. Según lo dispuesto en el artículo 26 del Real Decreto 1027/2007, de 20 de julio, por el que se aprueba el Reglamento de Instalaciones Térmicas en los Edificios, ¿quién debe realizar las operaciones de mantenimiento de las instalaciones sujetas al RITE?

a) El sujeto que explote o disfrute las instalaciones.

b) La Administración dentro de su función inspectora.

c) El titular de la instalación.

d) Empresas mantenedoras habilitadas.

6. ¿Qué debe entregar el titular de la instalación a la empresa mantenedora en el momento en que esta se haga cargo del mantenimiento?

a) Copia del Certificado Final de Obra.

b) Documentación que acredite la titularidad de la instalación.

c) Copia del Manual de Uso y Mantenimiento de la instalación térmica.

d) La licencia administrativa obligatoria.

7. ¿Quién es el responsable de que el mantenimiento de la instalación térmica sea realizado correctamente de acuerdo con las instrucciones del Manual de Uso y Mantenimiento y con las exigencias del RITE?

a) El titular de la instalación.

b) La empresa mantenedora.

c) Los operarios que realicen el mantenimiento.

d) La Administración Pública que en el ejercicio de su función inspectora deba vigilar la corrección del mantenimiento.

8. ¿Cuál de los siguientes extremos debe contener obligatoriamente el Manual de Uso y Mantenimiento?

a) Las instrucciones de seguridad y de manejo y maniobra de la instalación.

b) Los programas de funcionamiento.

c) El mantenimiento preventivo y gestión energética.

d) Todas las respuestas anteriores son correctas.

9. ¿Quién está obligado a la actualización y adecuación permanente de la documentación contenida en el Manual de Uso y Mantenimiento a las características técnicas de la instalación?

a) La dirección facultativa que realice la dirección de la obra.
b) El titular de la instalación.
c) El mantenedor habilitado y del director de mantenimiento, cuando la participación de este último sea preceptiva.
d) Todas las anteriores son correctas.

10. En instalaciones térmicas cuya potencia térmica nominal total instalada sea mayor que 5.000 kW en calor y/o 1.000 kW en frío, así como las instalaciones de calefacción o refrigeración solar cuya potencia térmica sea mayor que 400 kW, ¿cómo debe realizarse el mantenimiento?

a) Bajo la dirección de un técnico titulado competente con funciones de director de mantenimiento, ya pertenezca a la propiedad del edificio o a la plantilla de la empresa mantenedora.
b) Bajo la dirección del titular de la instalación.
c) Por una empresa mantenedora, que debe realizar su mantenimiento de acuerdo con las instrucciones contenidas en el Manual de Uso y Mantenimiento.
d) Por una empresa suministradora.

11. Para que el titular de la instalación pueda realizar con personal de su plantilla el mantenimiento de sus propias instalaciones térmicas, ¿qué documento debe presentar ante el órgano competente de la comunidad autónoma?

a) Documentación acreditativa de la titularidad de la instalación.
b) Declaración responsable de cumplimiento de los requisitos exigidos para el ejercicio de la actividad de mantenimiento.
c) Licencia de obra menor.
d) Plan de Prevención de Riesgos Laborales.

12. ¿Quién es el responsable de la existencia del registro de las operaciones de mantenimiento y de su disponibilidad cuando lo requiera la autoridad inspectora?

a) El titular de la instalación.
b) La empresa mantenedora.
c) La dirección facultativa.
d) El administrador.

13. Desde la ejecución de una operación de mantenimiento, ¿cuál es el tiempo mínimo que debe conservarse el registro de las operaciones de mantenimiento?

a) 3 años.
b) 1 año.
c) 5 años.
d) 7 años.

14. En relación con el registro de las operaciones de mantenimiento, ¿a quién corresponde su confección?

a) A la empresa mantenedora.
b) A la empresa reparadora.
c) Al titular de la instalación.
d) Al director de mantenimiento.

15. En relación con el registro de las operaciones de mantenimiento, ¿quién es responsable de las anotaciones en el mismo?

a) A la empresa mantenedora.
b) A la empresa reparadora.
c) Al titular de la instalación.
d) Al director de mantenimiento.

16. ¿Con qué periodicidad debe suscribirse el Certificado de mantenimiento?

a) Trimestralmente.
b) Semestralmente.
c) Anualmente.
d) Trienalmente.

17. ¿A quién corresponde suscribir el Certificado de mantenimiento?

a) A la empresa mantenedora y el director de mantenimiento, cuando la participación de este último sea preceptiva.
b) A titular de la instalación.
c) A la Administración competente en materia de inspección.
d) Al administrador.

18. ¿A quién corresponde conservar una copia del Certificado de mantenimiento?

a) A la empresa mantenedora y el director de mantenimiento, cuando la participación de este último sea preceptiva.
b) A titular de la instalación, quien lo incorporara al Libro del Edificio cuando este exista.
c) A la Administración competente en materia de inspección.
d) Al administrador, quien lo incorporara al Libro del Edificio cuando este exista.

19. ¿Qué validez tiene el Certificado de mantenimiento desde su expedición?

a) Seis meses como máximo.
b) Un año como máximo.
c) Dos años como máximo.
d) Cinco años como máximo.

20. ¿Cuál/es de los siguientes extremos tienen la consideración de contenido mínimo del certificado de mantenimiento?

a) Identificación de la instalación, incluyendo el número de expediente inicial con el que se registró la instalación.
b) Identificación de la empresa mantenedora.
c) Declaración expresa de que la instalación ha sido mantenida de acuerdo con el Manual de Uso y Mantenimiento y que cumple con los requisitos exigidos en la IT 3.
d) Todas las anteriores son correctas.

21. ¿Cómo se denomina el documento que contiene las exigencias que deben cumplir las instalaciones térmicas con el fin de asegurar que su funcionamiento, a lo largo de su vida útil, se realice con la máxima eficiencia energética, garantizando la seguridad, la durabilidad y la protección del medio ambiente y evitando las emisiones a la atmósfera?

a) Certificado de eficiencia Energética del Edificio Terminado.
b) Acta de recepción.
c) Instrucción Técnica IT 3.
d) Libro de inspección.

22. ¿Cuál de las siguientes no es una de las operaciones de mantenimiento preventivo de la instalación de calefacción y agua caliente contenidas en la IT 3?

a) Comprobación y limpieza, si procede, de circuito de humos de calderas.
b) Comprobación de bajantes.
c) Comprobación de estanquidad de cierre entre quemador y caldera.
d) Revisión del estado del aislamiento térmico, especialmente en las instalaciones ubicadas a la intemperie.

23. ¿Cuál de las siguientes no es una de las operaciones de mantenimiento preventivo de la Instalación de climatización contenidas en la IT 3?

a) Revisión y limpieza de filtros de aire.
b) Drenaje, limpieza y tratamiento del circuito de torres de refrigeración.
c) Comprobación de estanquidad de cierre entre quemador y caldera.
d) Revisión de aparatos de humectación y enfriamiento evaporativo.

24. ¿Quién es el sujeto responsable de las obligaciones establecidas en la normativa que regula la contabilización de consumos individuales en instalaciones térmicas de edificios?

a) El titular de la instalación.
b) El consumidor.
c) La empresa mantenedora.
d) La empresa mantenedora o del director de mantenimiento, cuando la participación de este último sea preceptiva.

25. Según las indicaciones de contenidas en la Tabla 3.3 Operaciones de mantenimiento preventivo y su periodicidad de la IT 3, ¿con qué periodicidad debe realizarse la limpieza de los condensadores?

a) Una vez cada semana.
b) Una vez por temporada (año).
c) Dos veces por temporada (año); una al inicio de la misma y otra a la mitad del período de uso, siempre que haya una diferencia mínima de dos meses entre ambas.
d) Una vez cada tres años.

26. Según las indicaciones de contenidas en la Tabla 3.3 Operaciones de mantenimiento preventivo y su periodicidad de la IT 3, ¿con qué periodicidad debe realizarse la comprobación de la estanquidad y niveles de refrigerante y aceite en equipos frigoríficos?

a) Una vez al mes; la primera al inicio de la temporada.
b) Una vez por temporada (año).
c) Dos veces por temporada (año); una al inicio de la misma y otra a la mitad del período de uso, siempre que haya una diferencia mínima de dos meses entre ambas.
d) Una vez cada tres años.

27. Según lo dispuesto en la IT 3, ¿a quién corresponde el asesoramiento energético al titular, recomendando mejoras o modificaciones de la instalación, así como en su uso y funcionamiento que redunden en una mayor eficiencia energética, y sobre el remplazo de las calderas de combustibles fósiles existentes en su caso por alternativas como la utilización de energías renovables y el aprovechamiento de energías residuales?

a) Al propio titular.
b) A la Administración Pública.
c) A la empresa mantenedora.
d) Al Servicio de Prevención de Riesgos Laborales.

28. En instalaciones de potencia térmica nominal mayor que 70 kW, la empresa mantenedora realizará un seguimiento de la evolución del consumo y de la energía aportada por la instalación térmica con el mayor nivel de desagregación posible por uso (calefacción, refrigeración y agua caliente sanitaria), así como del consumo de agua en función de los dispositivos de medida disponibles, con el fin de poder detectar posibles desviaciones y tomar las medidas correctoras oportunas. ¿Dónde debe incorporarse esta información?

a) En los Estatutos de la Comunidad de Propietarios.
b) En el Registro de la Propiedad.
c) En la Delegación de Urbanismo.
d) En el Libro del Edificio.

29. En instalaciones de potencia térmica nominal mayor que 70 kW, la empresa mantenedora realizará un seguimiento de la evolución del consumo y de la energía aportada por la instalación térmica con el mayor nivel de desagregación posible por uso (calefacción, refrigeración y agua caliente sanitaria), así como del consumo de agua en función de los dispositivos de medida disponibles, con el fin de poder detectar posibles desviaciones y tomar las medidas correctoras oportunas. ¿Durante qué plazo debe conservarse esta información?

a) Durante un año, al menos.
b) Durante tres años, al menos.
c) Durante cinco años, al menos.
d) No es necesario conservar esa información.

30. Según las Instrucciones de Seguridad contenidas en la IT 3, ¿a quién está prohibido el acceso al interior de los silos de biomasa sólida?

a) A todas las personas.
b) A personal no formado adecuadamente en prevención de riesgos laborales para realizar trabajos en espacios confinados y no autorizado por el titular de la instalación.
c) A personal no formado adecuadamente en prevención de riesgos laborales para realizar trabajos en altura.
d) A cualquier persona que no pertenezca al cuerpo de inspección de la Administración.

31. ¿Cuál de los siguientes aspectos no se encuentra entre los obligatorios que debe contener el programa de funcionamiento en instalaciones de potencia térmica nominal mayor que 70 kW?

a) Horario de puesta en marcha y parada de la instalación.
b) Programa de modificación del régimen de funcionamiento.
c) Identificación y contacto de la empresa mantenedora.
d) Programa y régimen especial para los fines de semana y para condiciones especiales de uso del edificio o de condiciones exteriores excepcionales.

32. ¿Cuál será la temperatura límite del aire en un recinto calefactado destinado a un uso administrativo, cuando el sistema de calefacción requiera consumo de energía convencional para la generación de calor?

a) 21 ºC.
b) 23 ºC.
c) 27 ºC.
d) 32 ºC.

33. ¿Cuál será la temperatura límite del aire en un recinto refrigerado destinado al teatro, cuando para ello se requiera consumo de energía convencional para la generación de frío por parte del sistema de refrigeración?

a) 21 ºC.
b) 23 ºC.

c) 26 ºC.
d) 30 ºC.

34. La temperatura del aire y la humedad relativa registradas en cada momento y las que debería tener, según el apartado 1 de la I.T. 3.8.2, se visualizarán mediante un dispositivo adecuado, situado en un sitio visible y frecuentado por las personas que utilizan el recinto. ¿Qué dimensiones mínimas debe tener ese dispositivo?

a) De 297 x 420 mm (DIN A3).
b) De 210 x 297 mm (DIN A4).
c) De 148 x 210 mm (DIN A5).
d) De 594 x 841 mm (DIN A1).

35. El apartado 8.4 de la IT 3 establece que edificios y locales con acceso desde la calle dispondrán de un sistema de cierre de puertas adecuado, el cual podrá consistir en un sencillo brazo de cierre automático de las puertas, con el fin de impedir que estas permanezcan abiertas permanentemente. ¿Cuál es el motivo de esa medida?

a) Garantizar el acceso en condiciones de seguridad al edificio de grandes grupos de personas de manera simultánea.
b) Impedir que las puertas permanezcan abiertas permanentemente, con el consiguiente despilfarro energético por las pérdidas de energía al exterior.
c) Garantizar el bloqueo de las puertas que impida la escapatoria en de robos y otros ilícitos penales.
d) Facilitar la rápida evacuación en caso de emergencia.

36. Según lo dispuesto en el apartado 8.5 de la IT 3 y en el artículo 26 apartados b) y c) del RITE, ¿a quién corresponde la inspección sobe la limitación de temperaturas en edificios y locales de uso comercial?

a) A la empresa mantenedora.
b) Al titular de la instalación.
c) Al órgano competente de la comunidad autónoma.
d) Al cuerpo de bomberos competente en la demarcación territorial donde se ubique el edificio o local.

37. A efectos de estas verificaciones e inspecciones se considerará que un recinto cumple con la limitación de temperatura del apartado 1 de la I.T. 3.8.2, deberá realizarse como mínimo una medición de la temperatura del aire cada:

a) 50 m^2 de superficie.
b) 75 m^2 de superficie.
c) 100 m^2 de superficie.
d) 150 m^2 de superficie.

38. Según el Apéndice 1. Términos y definiciones del Real Decreto 1027/2007, de 20 de julio, por el que se aprueba el Reglamento de Instalaciones Térmicas en los Edificios, ¿a qué definición hace referencia el término "Aire de expulsión (EHA)

a) Al aire que entra en el sistema procedente del exterior antes de cualquier tratamiento.

b) Al aire extraído de uno o más locales y expulsado al exterior.

c) Al aire que entra tratado en el local o en el sistema después de cualquier tipo de tratamiento.

d) Al aire tratado en el local o en la zona.

39. Según el Apéndice 1. Términos y definiciones del Real Decreto 1027/2007, de 20 de julio, por el que se aprueba el Reglamento de Instalaciones Térmicas en los Edificios, ¿con qué término se identifica la fracción biodegradable de los productos, residuos y desechos de origen biológico procedentes de actividades agrarias, incluidas las sustancias de origen vegetal y de origen animal, de la silvicultura y de las industrias conexas, incluidas la pesca y la acuicultura, así como la fracción biodegradable de los residuos, incluidos los residuos industriales y municipales de origen biológico?

a) Biomasa.

b) Biomasa leñosa.

c) Biocombustibles sólidos.

d) Residuos orgánicos.

40. Según el Apéndice 1. Términos y definiciones del Real Decreto 1027/2007, de 20 de julio, por el que se aprueba el Reglamento de Instalaciones Térmicas en los Edificios, ¿con qué término se identifica la máquina, dispositivo o instalación que transfiere calor del entorno natural, como el aire, el agua o la tierra, al edificio o a aplicaciones industriales invirtiendo el flujo natural de calor, de modo que fluya de una temperatura más baja a una más alta?

a) Caldera.

b) Calentador a gas.

c) Bomba de calor.

d) Refrigerador.

41. Según el Apéndice 1. Términos y definiciones del Real Decreto 1027/2007, de 20 de julio, por el que se aprueba el Reglamento de Instalaciones Térmicas en los Edificios, ¿con qué término se identifica el calor que es necesario evacuar para asegurar el funcionamiento de cualquier proceso y que puede ser aprovechado total o parcialmente como calor útil; en especial el necesario evacuar para asegurar el funcionamiento del ciclo termodinámico de producción de energía eléctrica o mecánica, (en equipos de cogeneración), o de bombas de calor y que puede ser también aprovechado total o parcialmente como calor útil?

a) Captador solar térmico.

b) Calentador a gas.

c) Climatización.

d) Calor residual.

42. Según el Apéndice 1. Términos y definiciones del Real Decreto 1027/2007, de 20 de julio, por el que se aprueba el Reglamento de Instalaciones Térmicas en los Edificios, ¿con qué término se identifica la calidad del aire en un espacio con una fuente de contaminación de fuerza 1 olf, ventilada por 10 L/s de aire limpio?

a) Captador solar térmico.
b) Decipol (dp).
c) Climatización.
d) EER (acrónimo del inglés «Energy Efficiency Ratio»).

43. Según el Apéndice 1. Términos y definiciones del Real Decreto 1027/2007, de 20 de julio, por el que se aprueba el Reglamento de Instalaciones Térmicas en los Edificios, ¿con qué término se identifican los lugares donde se reúnen personas para desarrollar actividades de carácter público o privado, en los que los ocupantes tienen libertad para abandonarlos en cualquier momento?

a) Edificios o locales institucionales.
b) Edificación.
c) Construcción.
d) Edificios o locales de pública concurrencia.

44. Según el Apéndice 1. Términos y definiciones del Real Decreto 1027/2007, de 20 de julio, por el que se aprueba el Reglamento de Instalaciones Térmicas en los Edificios, ¿con qué término se conoce a la persona jurídica que ostenta la titularidad de una red de distribución de energía?

a) Empresa distribuidora.
b) Empresa comercializadora.
c) Empresa suministradora.
d) Empresa mantenedora.

45. Según el Apéndice 1. Términos y definiciones del Real Decreto 1027/2007, de 20 de julio, por el que se aprueba el Reglamento de Instalaciones Térmicas en los Edificios, ¿con qué término se conoce a la energía almacenada en forma de calor bajo la superficie de la tierra sólida?

a) Energía convencional.
b) Energía geotérmica.
c) Energía procedente de fuentes renovables o energía renovable.
d) Energía limpia.

46. Según el Apéndice 1. Términos y definiciones del Real Decreto 1027/2007, de 20 de julio, por el que se aprueba el Reglamento de Instalaciones Térmicas en los Edificios, ¿con qué nivel de contaminación del aire se identifica el término "AE 2

a) Bajo nivel de contaminación.
b) Moderado nivel de contaminación.
c) Muy alto nivel de contaminación.
d) Todas las anteriores son correctas.

47. Según el Apéndice 1. Términos y definiciones del Real Decreto 1027/2007, de 20 de julio, por el que se aprueba el Reglamento de Instalaciones Térmicas en los Edificios, ¿con qué nivel de calidad del aire se identifica el término "IDA 3

a) Aire de calidad alta.
b) Aire de calidad mediocre.
c) Aire de calidad media.
d) Aire de calidad baja.

48. Según el Apéndice 1. Términos y definiciones del Real Decreto 1027/2007, de 20 de julio, por el que se aprueba el Reglamento de Instalaciones Térmicas en los Edificios, ¿con qué término se identifica el espacio destinado únicamente a albergar maquinaria de las instalaciones térmicas?

a) Local técnico.
b) Local de servicio.
c) Local no habitable.
d) Local comercial.

49. Según el Apéndice 1. Términos y definiciones del Real Decreto 1027/2007, de 20 de julio, por el que se aprueba el Reglamento de Instalaciones Térmicas en los Edificios, ¿con qué término se identifica la relación entre el flujo calorífico transmitido al agua de la caldera y el producto del poder calorífico inferior a presión constante del combustible por el consumo expresado en cantidad de combustible por unidad de tiempo?

a) Utilidad.
b) Eficiencia.
c) Eficacia.
d) Rendimiento útil (expresado en porcentaje).

50. Según el Apéndice 1. Términos y definiciones del Real Decreto 1027/2007, de 20 de julio, por el que se aprueba el Reglamento de Instalaciones Térmicas en los Edificios, ¿con qué término se identifica a la técnica de acondicionamiento en la que el control de las condiciones térmicas interiores está a cargo del sistema de ventilación?

a) Sistema todo-aire.
b) Sistema solar prefabricado.
c) Sistema mixto.
d) Sistema de transporte de biocombustible sólido.

En MADTEST tienes **más preguntas de este tema**, y todos tus avances quedan registrados y se reflejan en el ranking.

¡Supera tus límites con MADTEST!

Solución al test n.º 13

1. b) La Directiva 2002/91/CE, de 16 de diciembre, de eficiencia energética de los edificios.

2. c) El Real Decreto 1027/2007, de 20 de julio, por el que se aprueba el Reglamento de Instalaciones Térmicas en los Edificios (RITE).

3. a) Al Gobierno de la Nación.

4. c) Las comunidades autónomas con competencia legislativa sobre industria pueden introducir requisitos adicionales sobre las mismas materias cuando se trate de instalaciones radicadas en su territorio.

5. d) Empresas mantenedoras habilitadas.

6. c) Copia del Manual de Uso y Mantenimiento de la instalación térmica.

7. b) La empresa mantenedora.

8. d) Todas las respuestas anteriores son correctas.

9. c) El mantenedor habilitado y del director de mantenimiento, cuando la participación de este último sea preceptiva.

10. a) Bajo la dirección de un técnico titulado competente con funciones de director de mantenimiento, ya pertenezca a la propiedad del edificio o a la plantilla de la empresa mantenedora.

11. b) Declaración responsable de cumplimiento de los requisitos exigidos para el ejercicio de la actividad de mantenimiento.

12. a) El titular de la instalación.

13. c) 5 años.

14. a) A la empresa mantenedora.

15. a) A la empresa mantenedora.

16. c) Anualmente.

17. a) A la empresa mantenedora y el director de mantenimiento, cuando la participación de este último sea preceptiva.

18. b) A titular de la instalación, quien lo incorporara al Libro del Edificio cuando este exista.

19. b) Un año como máximo.

20. d) Todas las anteriores son correctas.

21. c) Instrucción Técnica IT 3.

22. b) Comprobación de bajantes.

23. c) Comprobación de estanquidad de cierre entre quemador y caldera.

24. c) La empresa mantenedora.

25. b) Una vez por temporada (año).

26. a) Una vez al mes; la primera al inicio de la temporada.

27. c) A la empresa mantenedora.

28. d) En el Libro del Edificio.

29. c) Durante cinco años, al menos.

30. b) A personal no formado adecuadamente en prevención de riesgos laborales para realizar trabajos en espacios confinados y no autorizado por el titular de la instalación.

31. c) Identificación y contacto de la empresa mantenedora.

32. a) 21 ºC.

33. c) 26 ºC.

34. a) de 297 x 420 mm (DIN A3).

35. b) Impedir que las puertas permanezcan abiertas permanentemente, con el consiguiente despilfarro energético por las pérdidas de energía al exterior.

36. c) Al órgano competente de la comunidad autónoma.

37. c) 100 m² de superficie.

38. b) Al aire extraído de uno o más locales y expulsado al exterior.

39. a) Biomasa.

40. c) Bomba de calor.

41. c) Bomba de calor.

42. b) Decipol (dp).

43. d) Edificios o locales de pública concurrencia.

44. a) Empresa distribuidora.

45. a) Energía convencional.

46. 6. CONCEPTOS GENERALES:

47. b) Aire de calidad mediocre.

48. a) Local técnico.

49. d) Rendimiento útil (expresado en porcentaje).

50. a) Sistema todo-aire.

TEST N.º 14

Fontanería: Conceptos generales, herramientas, materiales y ejecución

1. ¿Cuál es una de las funciones básicas del peón de fontanería?

a) Soldar tubos de acero galvanizado.
b) Instalar aparatos sanitarios nuevos.
c) Cerrar llaves de paso y avisar de cortes.
d) Rediseñar la red de saneamiento.

2. ¿Qué tipo de instalación proporciona agua a edificios en zonas rurales sin red general?

a) Pozo de resalto.
b) Acometida urbana.
c) Captación privada.
d) Instalación secundaria.

3. ¿Qué componente de la instalación general retiene los residuos sólidos del agua?

a) Válvula de corte.
b) Filtro tipo Y.
c) Grifo de prueba.
d) Válvula antirretorno.

4. ¿Cuál es la distancia mínima entre tuberías de agua fría y caliente si están en un mismo plano?

a) 3 cm.
b) 2 cm.
c) 4 cm.
d) 5 cm.

5. ¿Qué elemento evita el retorno del agua hacia la instalación interna?

a) Grifo de paso.
b) Bote sifónico.
c) Válvula de retención.
d) Contador divisionario.

6. ¿Qué herramienta se utiliza para curvar tubos de cobre de forma precisa?

a) Curvadora.
b) Roscadora.
c) Abocinador.
d) Soplete.

7. ¿Cuál es la principal causa del goteo en un grifo?

a) Aire en la tubería.
b) Zapata desgastada.
c) Canalón obstruido.
d) Baja presión.

8. ¿Qué herramienta se usa para desatascar canalones exteriores?

a) Martillo.
b) Lira.
c) Varilla de desembozar.
d) Muelles de curvado.

9. ¿Qué técnica provisional se recomienda para reparar un reventón de tubería?

a) Rellenar con masilla.
b) Pegar con cola PVC.
c) Usar cinta de teflón.
d) Sujetar goma con abrazadera.

10. ¿Qué medida casera ayuda a eliminar bolsas de aire en tuberías?

a) Usar silicona.
b) Limpiar el sifón.
c) Conectar manguera entre grifos.
d) Calentar con soplete.

11. ¿Qué tipo de junta impide completamente el paso del agua?

a) Junta plana.
b) Junta tórica.
c) Junta estanca.
d) Junta no estanca.

12. ¿Cuál es la función de los latiguillos flexibles?

a) Ventilar el circuito.
b) Aislar los ruidos.
c) Conectar tomas de agua.
d) Medir el caudal.

13. ¿Qué material se está imponiendo frente al cáñamo para sellado?

a) Silicona.
b) Teflón.
c) PVC.
d) Masilla.

14. ¿Qué tipo de grifo permite regular temperatura y caudal con una sola palanca?

a) Mezclador.
b) Monomando.
c) Pomo doble.
d) Fluxor.

15. ¿Qué herramienta se utiliza para cerrar el paso de agua en las instalaciones?

a) Válvula de retención.
b) Llave de paso.
c) Curvadora.
d) Cartucho cerámico.

16. ¿Qué herramienta se usa para eliminar rebabas tras cortar un tubo?

a) Mandril.
b) Cortatubos.
c) Llave inglesa.
d) Abocinador.

17. ¿Qué herramienta permite agrandar bocas de tubos para unirlos?

a) Mandril.
b) Cortatubos.
c) Abocardador.
d) Terraja.

18. ¿Qué tipo de soplete es más manejable para soldaduras en sitios estrechos?

a) De botella.
b) De gasoil.
c) Con manguera.
d) Manual.

19. ¿Qué herramienta realiza roscas en tubos o varillas metálicas?

a) Curvadora.
b) Terraja.
c) Escariador.
d) Purgador.

20. ¿Qué se recomienda aplicar en la cuchilla del cortatubos para facilitar el corte?

a) Masilla.
b) Aceite.
c) Cemento.
d) Agua jabonosa.

21. ¿Qué tipo de válvula permite detener completamente el flujo de un fluido sin regulación parcial?

a) Válvula de mariposa.
b) Válvula de bola.
c) Válvula de compuerta.
d) Válvula antirretorno.

22. ¿Qué característica principal distingue al cartucho cerámico en grifos monomando?

a) Permite el paso de aire.
b) Tiene piezas de goma intercambiables.
c) Regula caudal y temperatura sin mantenimiento.
d) Se instala con cinta de teflón.

23. ¿Qué herramienta se emplea para cortar tubos con precisión y sin virutas?

a) Sierra de arco.
b) Cortatubos telescópico.
c) Llave grifa.
d) Taladro manual.

24. ¿Cuál es una ventaja del uso de canalones en los tejados?

a) Reducen el consumo de agua.
b) Evitan el paso de aire.
c) Protegen las paredes del agua de lluvia.
d) Favorecen el calentamiento del edificio.

25. ¿Qué sistema permite que los cierres hidráulicos mantengan su función pese a la presión de aire?

a) Fluxor.
b) Sistema de rebose.
c) Subsistema de ventilación.
d) Acometida secundaria.

En MADTEST tienes **más preguntas de este tema**, y todos tus avances quedan registrados y se reflejan en el ranking.

¡Supera tus límites con MADTEST!

Solución al test n.º 14

1. c) Cerrar llaves de paso y avisar de cortes.

2. c) Captación privada.

3. b) Filtro tipo Y.

4. c) 4 cm.

5. c) Válvula de retención.

6. a) Curvadora.

7. b) Zapata desgastada.

8. c) Varilla de desembozar.

9. d) Sujetar goma con abrazadera.

10. c) Conectar manguera entre grifos.

11. c) Junta estanca.

12. c) Conectar tomas de agua.

13. b) Teflón.

14. b) Monomando.

15. b) Llave de paso.

16. a) Mandril.

17. c) Abocardador.

18. c) Con manguera.

19. a) Curvadora.

20. b) Aceite.

21. c) Válvula de compuerta.

22. c) Regula caudal y temperatura sin mantenimiento.

23. b) Cortatubos telescópico.

24. c) Protegen las paredes del agua de lluvia.

25. c) Subsistema de ventilación.

TEST N.º 15

Jardinería: Plantaciones, Podas, riegos, fertilizantes y abonos, herramientas y maquinaria

1. ¿Cómo se denomina a la actividad que consiste en labrar la tierra para repartir los terrones y, a la vez, romperlos? Se suele realizar al final del invierno, cuando finalizan las heladas:

a) Desmenuzar.
b) Laboreo.
c) Mullir.
d) Desbrozar.

2. Consiste en dar una segunda vuelta a la tierra, para aflojar el suelo. Es una operación que frena la evaporación del agua de superficie:

a) Binar.
b) Escardar.
c) Airear.
d) Segar.

3. ¿Cuál debe ser la altura del corte de una pradera, que puede ser normal a lo largo de la temporada vegetativa?

a) 12-15 cm.
b) 15- 18 cm.
c) 3- 4 cm.
d) 4- 6 cm.

4. ¿Cuál es el mejor momento del año para realizar el aireado complementado con el refuerzo del drenaje?

a) Finales del invierno.
b) Principios de primavera.

c) Finales de verano.
d) Otoño.

5. Para hacer la reposición de calvas en una pradera que está en pleno funcionamiento utilizaremos:

a) Resiembras.
b) Semillas tratadas.
c) Siega vertical.
d) Tepes.

6. Si vamos a realizar perfilado de setos, tanto de la cara superior como de la lateral vista, la mejor época será:

a) Antes del rebrote.
b) Antes de la floración.
c) En la parada vegetativa del verano.
d) Al finalizar el otoño.

7. Se trata de una azadilla de boca estrecha y mango corto, utilizado para escardar y limpiar la tierra de malas hierbas y para trasplantar plantas pequeñas:

a) Palote.
b) Hoz.
c) Almocafre.
d) Horca.

8. Tiene dientes redondos y sirve para acarrear cantidades grandes de materiales ligeros, el abono orgánico, los matorrales y, por supuesto, la hierba tanto en seco como en verde:

a) Gancho.
b) Horquilla.
c) Rodillo.
d) Azadilla.

9. ¿Cuál de las siguientes herramientas puede ser manejada con una sola mano?

a) Guadaña.
b) Hacha.
c) Horca de ganchos.
d) Hoz.

10. ¿Qué tipo de riego utilizaremos si queremos regar una superficie mayor de 6 metros?

a) Difusor.
b) Aspersor.
c) Por goteo.
d) Nebulizador.

11. ¿Cuál de las siguientes partes de la raíz realiza principalmente la absorción de agua y nutrientes?

a) Cofia.
b) Cuello.
c) Región pilífera.
d) Región desnuda.

12. ¿Cómo se llama el crecimiento de la raíz hacia el centro de la tierra?

a) Tropismo negativo.
b) Geotropismo positivo.
c) Hidrotropismo.
d) Nastia gravitacional.

13. ¿Cuál es el principal pigmento involucrado en la fotosíntesis?

a) Antocianina.
b) Clorofila.
c) Xantofila.
d) Caroteno.

14. ¿Qué tipo de planta completa su ciclo vital en una sola temporada?

a) Perenne.
b) Bianual.
c) Anual.
d) Arbórea.

15. ¿Qué tipo de tallo es típico de las palmeras?

a) Cálamo.
b) Estipe.
c) Tubérculo.
d) Rizoma.

16. ¿Cuál es una función principal de las hojas?

a) Reservar agua.
b) Almacenamiento de proteínas.
c) Fotosíntesis.
d) Absorción de dióxido de nitrógeno.

17. ¿Qué tipo de reproducción ocurre sin intervención de gametos?

a) Sexual.
b) Alternante.
c) Asexual.
d) Floral.

18. ¿Qué parte de la flor se convierte en fruto tras la fecundación?

a) Estambre.
b) Cáliz.
c) Ovario.
d) Estilo.

19. ¿Cuál es una herramienta manual utilizada para cavar?

a) Rastrillo.
b) Azadón.
c) Pulverizador.
d) Tijera de poda.

20. ¿Qué tipo de poda se realiza para mantener la forma y sanidad del árbol?

a) De rejuvenecimiento.
b) De emergencia.
c) De mantenimiento.
d) De raíz.

En MADTEST tienes **más preguntas de este tema**, y todos tus avances quedan registrados y se reflejan en el ranking.

¡Supera tus límites con MADTEST!

Solución al test n.º 15

1. c) Mullir.

2. a) Binar.

3. c) 3- 4 cm.

4. d) Otoño.

5. d) Tepes.

6. c) En la parada vegetativa del verano.

7. c) Almocafre.

8. b) Horquilla.

9. d) Hoz.

10. b) Aspersor.

11. c) Región pilífera.

12. b) Geotropismo positivo.

13. b) Clorofila.

14. c) Anual.

15. b) Estipe.

16. c) Fotosíntesis.

17. c) Asexual.

18. c) Ovario.

19. b) Azadón.

20. c) De mantenimiento.

Auto-transformadores de potencia. Transformadores de medida y protección según el Reglamento sobre condiciones Técnicas y garantías de Seguridad en instalaciones eléctricas de alta tensión y sus Instrucciones Técnicas complementarias

1. ¿En cuál de las siguientes normas se encuentra contenida la Instrucción Técnica Complementaria ITC-RAT 07?

a) En el Real Decreto Legislativo 7/2015, de 30 de octubre, por el que se aprueba el texto refundido de la Ley de Suelo y Rehabilitación Urbana.

b) En la Directiva 2002/91/CE, de 16 de diciembre, de eficiencia energética de los edificios.

c) En el Real Decreto 337/2014, de 9 de mayo, por el que se aprueban el Reglamento sobre condiciones técnicas y garantías de seguridad en instalaciones eléctricas de alta tensión y sus Instrucciones Técnicas Complementarias.

d) En el Real Decreto 312/2005, de 18 de marzo, por el que se aprueba la clasificación de los productos de construcción y de los elementos constructivos en función de sus propiedades de reacción y de resistencia frente al fuego.

2. Según la Instrucción Técnica Complementaria ITC-RAT 07, ¿cómo serán generalmente los transformadores y autotransformadores de potencia conectados a una red trifásica?

a) Del tipo de máquina monofásico.
b) Del tipo de máquina bifásico.
c) Del tipo de máquina trifásico.
d) Continuo.

3. Según la Instrucción Técnica Complementaria ITC-RAT 07, ¿qué debe entregar el fabricante de cada transformador?

a) El certificado de garantía.
b) El correspondiente protocolo de ensayos realizado.
c) El correspondiente certificado de la prueba de estrés realizada.
d) La declaración UE de conformidad.

4. Según la Instrucción Técnica Complementaria ITC-RAT 07, ¿de acuerdo con qué norma se fijarán los grupos de conexión para transformadores de potencia?

a) De acuerdo con el Real Decreto 1110/2007, de 24 de agosto, por el que se aprueba el Reglamento unificado de puntos de medida del sistema eléctrico.
b) De acuerdo con el Real Decreto 842/2002, de 2 de agosto, por el que se aprueba el Reglamento electrotécnico para baja tensión.
c) De acuerdo con la ISO 9001.
d) De acuerdo con la norma UNE-EN 60076.

5. Según la Instrucción Técnica Complementaria ITC-RAT 07, ¿cómo será la conexión de los autotransformadores que no cumplan la función de regulador?

a) En estrella.
b) En cruz.
c) En triángulo.
d) En zigzag.

6. Según la Instrucción Técnica Complementaria ITC-RAT 07, ¿pueden disponer los transformadores y los autotransformadores de un dispositivo que permita, en escalones apropiados, la regulación en carga de la tensión para asegurar la continuidad del servicio?

a) Sí, podrán disponer de ello tanto los transformadores como los autotransformadores.
b) No podrán disponer de ello ni los transformadores ni los autotransformadores.
c) Sí, podrán disponer de ello los transformadores pero no los autotransformadores.
d) Podrán disponer de ello los autotransformadores pero no los transformadores.

7. Según la Instrucción Técnica Complementaria ITC-RAT 07, el cableado auxiliar instalado exteriormente al transformador o autotransformador y que forme conjunto con él, ¿cuál de las siguientes propiedades debe cumplir?

a) Ser resistente a la degradación por líquidos aislantes.
b) Ser resistente a las condiciones climáticas.
c) No propagarán la llama.
d) Todas las anteriores son correctas.

8. ¿Qué Instrucción Técnica Complementaria de las contenidas en el Real Decreto 337/2014, de 9 de mayo, por el que se aprueban el Reglamento sobre condiciones técnicas y garantías de seguridad en instalaciones eléctricas de alta tensión y sus Instrucciones Técnicas Complementarias regula los transformadores de medida y protección?

a) Instrucción Técnica Complementaria ITC-RAT 01.
b) Instrucción Técnica Complementaria ITC-RAT 07.
c) Instrucción Técnica Complementaria ITC-RAT 08.
d) Instrucción Técnica Complementaria ITC-RAT 02.

9. ¿Los requisitos de qué norma deben cumplir los transformadores de alta tensión para medida y protección?

a) ISO 19011.
b) UNE-EN 60044.
c) Reglamento (UE) n.º 305/2011.
d) Directiva 75/324/CEE del Consejo, de 20 de mayo de 1975, relativa a la aproximación de las legislaciones de los Estados Miembros sobre los generadores aerosoles.

10. Según dispone la Instrucción Técnica Complementaria ITC-RAT 08, ¿qué potencia y grado de precisión tendrán los transformadores de alta tensión para medida y protección?

a) La que se establece en la ISO 19011.
b) 25 V·A, en todo caso.
c) Las correspondientes a los aparatos que van a alimentar.
d) Todas las anteriores son correctas.

11. En los transformadores de tensión e intensidad destinados a la medida de energía suministrada o recibida por una instalación y que ha de ser objeto de posterior facturación se tendrá muy especialmente en cuenta lo dispuesto en:

a) La ISO 19011.
b) El Reglamento UE 2016/425, relativo a los equipos de protección individual (EPI).
c) La Directiva 75/324/CEE del Consejo, de 20 de mayo de 1975, relativa a la aproximación de las legislaciones de los Estados Miembros sobre los generadores aerosoles.
d) El vigente Reglamento unificado de los puntos de medida del sistema eléctrico, aprobado por Real Decreto 1110/2007, de 24 de agosto.

12. Según dispone la Instrucción Técnica Complementaria ITC-RAT 08, ¿quién debe seleccionar los transformadores de intensidad destinados a alimentar relés de protección, de forma que se garantice el funcionamiento del transformador para faltas dentro o fuera de la zona de protección?

a) El promotor.
b) El proyectista.
c) El usuario.
d) La empresa mantenedora.

13. Cuando el proyectista encargado de seleccionar los transformadores de intensidad destinados a alimentar relés de protección, de forma que se garantice el funcionamiento del transformador para faltas dentro o fuera de la zona de protección, compruebe que la saturación que se produce cuando están sometidas a elevadas corrientes de cortocircuito hace varias su relación de transformación y ángulo de fase, impidiendo el correcto funcionamiento de los relés de protección alimentados por ellos, ¿cómo debe proceder?

a) Justificará que el error de medida del transformador no compromete la seguridad de la instalación.

b) Descartará los transformadores de intensidad seleccionados.

c) Dará traslado de dicha circunstancia a la Administración pública competente en materia de industria aguardando sus instrucciones sobre los pasos a seguir.

d) Procederá con la instalación de los transformadores de intensidad según lo previsto.

14. Según dispone la Instrucción Técnica Complementaria ITC-RAT 08, ¿de qué extremos debe informar el fabricante de transformadores de tensión?

a) De las características de su producto en la información técnica facilitada al proyectista.

b) De la duración del cortocircuito soportada en bornes secundarios del transformador.

c) De las características de su producto en la información técnica facilitada al proyectista y de la duración del cortocircuito soportada en bornes secundarios del transformador.

d) Del periodo de garantía.

15. Según dispone la Instrucción Técnica Complementaria ITC-RAT 08, dentro de las medidas de protección para evitar daños a las personas o la instalación en caso de una eventual explosión de los transformadores, la ubicación de los transformadores de tensión o intensidad en el interior de cabinas prefabricadas se considera como una medida de protección:

a) Imprescindible.

b) Prohibida.

c) Obligatoria.

d) Aceptable.

16. Según dispone la Instrucción Técnica Complementaria ITC-RAT 08 y 13, ¿cómo deberán ponerse todas las partes metálicas de los transformadores de medida y protección que no se encuentren sometidas a tensión?

a) Deberán ponerse a tierra.

b) A neutro.

c) A fase.

d) En serie.

17. Según dispone la Instrucción Técnica Complementaria ITC-RAT 08, en la instalación de transformadores de medida y protección deberá conectarse a tierra un punto del circuito o circuitos secundarios, o separarse de los circuitos primarios mediante pantallas metálicas puestas a tierra. ¿Cómo debe hacerse esta puesta a tierra?

a) Siempre, directamente en las bornas secundarias.

b) Lo más cerca posible de los terminales secundarios de los transformadores de medida y protección, en todo caso.

c) Directamente en las bornas secundarias, o lo más cerca posible de los terminales secundarios de los transformadores de medida y protección, excepto en aquellos casos en que la instalación aconseje otro montaje.

d) Lo más lejos posible de los terminales secundarios de los transformadores de medida y protección, en todo caso.

18. Según dispone la Instrucción Técnica Complementaria ITC-RAT 08, en la instalación de transformadores de medida y protección, el punto del circuito secundario puesto a tierra debe determinarse de forma que se eviten:

a) Las interferencias constructivas.

b) Las interferencias electromagnéticas.

c) Las interferencias de ondas.

d) Las interferencias eléctricas.

19. Según dispone la Instrucción Técnica Complementaria ITC-RAT 08, en la instalación de transformadores de medida y protección, para conductores de cobre la sección mínima de la puesta a tierra de los circuitos secundarios si el conductor de tierra está mecánicamente protegido será de:

a) 2,5 mm^2.

b) 1,5 mm^2.

c) 4 mm^2.

d) 4,5 mm^2.

20. Según dispone la Instrucción Técnica Complementaria ITC-RAT 08, en la instalación de transformadores de medida y protección, para conductores de cobre la sección mínima de la puesta a tierra de los circuitos secundarios si el conductor de tierra no está mecánicamente protegido será de:

a) 2,5 mm^2.

b) 1,5 mm^2.

c) 4 mm^2.

d) 4,5 mm^2.

21. Según dispone la Instrucción Técnica Complementaria ITC-RAT 08, la insta-lación de los transformadores de medida y protección se hará de forma que sean fácilmente accesibles para su posible:

a) Verificación o sustitución.
b) Calibración.
c) Reparación.
d) Inspección y sanción.

22. Según dispone la Instrucción Técnica Complementaria ITC-RAT 08, en los transformadores de tensión, deberán tenerse muy en cuenta tanto sus característi-cas y las de la instalación, como los valores de la tensión de servicio, para evitar en lo posible la aparición de los fenómenos de:

a) Interferencia.
b) Cortocircuito.
c) Ferrorresonancia.
d) Intermitencia.

23. ¿Qué debe tenerse en cuenta en los transformadores de tensión para evitar en lo posible la aparición de los fenómenos de ferrorresonancia?

a) Las características del transformador de tensión.
b) Las características de la instalación.
c) Los valores de la tensión de servicio.
d) Todas las anteriores son correctas.

24. Para transformadores de intensidad de medida de clase S su intensidad asig-nada se elegirá de forma que la intensidad de carga prevista en el circuito donde se instalen esté comprendida entre:

a) El 5 y el 100 % de la intensidad asignada.
b) El 10 y el 100 % de la intensidad asignada.
c) El 30 y el 100 % de la intensidad asignada.
d) El 50 y el 120 % de la intensidad asignada.

25. Para transformadores de intensidad de medida que no sean de clase S su intensidad asignada se elegirá de forma que la intensidad de carga prevista en el circuito donde se instalen esté comprendida entre:

a) El 5 y el 100 % de la intensidad asignada.
b) El 10 y el 100 % de la intensidad asignada.
c) El 30 y el 100 % de la intensidad asignada.
d) El 50 y el 100 % de la intensidad asignada.

26. ¿Entre qué dos valores de su potencia de precisión estará la carga en el circuito secundario dedicado a medida de los transformadores de intensidad?

a) Entre el 25 y el 100 % de su potencia de precisión.
b) Entre el 15 y el 100 % de su potencia de precisión asignada.
c) Entre el 0 y el 100 % de su potencia de precisión.
d) Entre el 50 y el 100 % de su potencia de precisión.

Solución al test n.º 16

1. c) En el Real Decreto 337/2014, de 9 de mayo, por el que se aprueban el Reglamento sobre condiciones técnicas y garantías de seguridad en instalaciones eléctricas de alta tensión y sus Instrucciones Técnicas Complementarias.

2. c) Del tipo de máquina trifásico.

3. b) El correspondiente protocolo de ensayos realizado.

4. d) De acuerdo con la norma UNE-EN 60076.

5. a) En estrella.

6. a) Sí, podrán disponer de ello tanto los transformadores como los autotransformadores.

7. d) Todas las anteriores son correctas.

8. c) Instrucción Técnica Complementaria ITC-RAT 08.

9. c) Instrucción Técnica Complementaria ITC-RAT 08.

10. c) Las correspondientes a los aparatos que van a alimentar.

11. d) El vigente Reglamento unificado de los puntos de medida del sistema eléctrico, aprobado por Real Decreto 1110/2007, de 24 de agosto.

12. b) El proyectista.

13. a) Justificará que el error de medida del transformador no compromete la seguridad de la instalación.

14. c) De las características de su producto en la información técnica facilitada al proyectista y de la duración del cortocircuito soportada en bornes secundarios del transformador.

15. d) Aceptable.

16. a) Deberán ponerse a tierra.

17. a) Deberán ponerse a tierra.

18. d) Las interferencias eléctricas.

19. a) 2,5 mm^2.

20. c) 4 mm^2.

21. a) Verificación o sustitución.

22. c) Ferrorresonancia.

23. d) Todas las anteriores son correctas.

24. b) El 10 y el 100 % de la intensidad asignada.

25. d) El 50 y el 100 % de la intensidad asignada.

26. a) Entre el 25 y el 100 % de su potencia de precisión.

Verificación e inspección de las líneas eléctricas que no sean propiedad de empresas de transporte y distribución de energía eléctrica según el Reglamento sobre condiciones técnicas y garantías de seguridad en líneas eléctricas de alta tensión y sus instrucciones técnicas complementarias

1. ¿Cuál de los siguientes no es uno de los objetivos recogidos en el artículo 1 del Reglamento sobre condiciones técnicas y garantías de seguridad en instalaciones eléctricas de alta tensión y sus Instrucciones Técnicas Complementarias?

a) Proteger las personas y la integridad y funcionalidad de los bienes que pueden resultar afectados por las mismas.
b) Conseguir la necesaria calidad en los suministros de energía eléctrica y promover la eficiencia energética.
c) Facilitar desde la fase de proyecto de las instalaciones su adaptación a los futuros aumentos de carga racionalmente previsibles.
d) Minimizar el consumo de las instalaciones de cara a reducir la contaminación y colaborar en la lucha contra el cambio climático.

2. Según establece el artículo 21 del Reglamento sobre condiciones técnicas y garantías de seguridad en instalaciones eléctricas de alta tensión, de forma general, ¿cada cuánto tiempo se realizarán inspecciones periódicas de las instalaciones?

a) Cada año.
b) Cada tres años.
c) Cada cinco años.
d) Cada dieciocho meses.

3. Según establece el artículo 21 del Reglamento sobre condiciones técnicas y garantías de seguridad en instalaciones eléctricas de alta tensión, ¿a quién le corresponde cuidar de que las inspecciones se efectúen en los plazos previstos?

a) Al proyectista.
b) Al titular de la instalación.

c) A los Organismos de Control Habilitados.

d) A la empresa mandataria.

4. Según establece el artículo 21 del Reglamento sobre condiciones técnicas y garantías de seguridad en instalaciones eléctricas de alta tensión, ¿por quién se realizarán las inspecciones periódicas?

a) Por la Administración pública competente.

b) Por el titular de la instalación.

c) Por Organismos de Control Habilitados.

d) Por la empresa mandataria.

5. Según establece el artículo 21 del Reglamento sobre condiciones técnicas y garantías de seguridad en instalaciones eléctricas de alta tensión, ¿a quién deberán entregar una copia del acta de inspección los organismos de control?

a) Al titular de la instalación.

b) Al arrendatario de la instalación, cuando exista.

c) A la Administración pública competente.

d) Todas las anteriores son correctas.

6. Según establece el artículo 21 del Reglamento sobre condiciones técnicas y garantías de seguridad en instalaciones eléctricas de alta tensión, ¿quién conservará las actas de las inspecciones que realicen?

a) El titular de la instalación.

b) Los Organismos de Control Habilitados.

c) La Administración pública competente.

d) La empresa mantenedora.

7. Según establece el artículo 21 del Reglamento sobre condiciones técnicas y garantías de seguridad en instalaciones eléctricas de alta tensión, ¿puede la Administración pública competente efectuar controles?

a) Sí, para garantizar el correcto funcionamiento del sistema.

b) No, los Organismos de Control Habilitados son los únicos competentes en las tareas de inspección y control.

c) Sí, Administración pública competente realizará controles con periodicidad anual.

d) No, la empresa mantenedora es la única competente en las tareas de inspección y control.

8. ¿Qué Instrucción Técnica Complementaria de las contenidas en el Real Decreto 337/2014, de 9 de mayo, por el que se aprueban el Reglamento sobre condiciones técnicas y garantías de seguridad en instalaciones eléctricas de alta tensión y sus Instrucciones Técnicas Complementarias ITC-RAT 01 a 23 regula las condiciones

técnicas y garantías de seguridad en instalaciones eléctricas de alta tensión, en relación con las verificaciones e inspecciones previas a la puesta en servicio, o periódicas de las instalaciones eléctricas de alta tensión?

a) ITC-RAT 1.
b) ITC-RAT 42.
c) ITC-RAT 23.
d) ITC-RAT 18.

9. Según lo dispuesto en la ITC-RAT 23, ¿pueden ser objeto de verificación o inspección las instalaciones que se encuentren fuera de servicio sin haber sido desmanteladas?

a) No, únicamente podrán ser objeto de verificación o inspección las instalaciones que se encuentren en activo.
b) Sí, con objeto de revisar el seccionamiento que garantiza la situación de fuera de servicio y garantizar que no se encuentran en un estado de abandono que comprometa la seguridad de las personas o de los bienes.
c) Podrán ser objeto de verificación pero no de inspección.
d) Podrán ser objeto de inspección pero no de sanción.

10. Según lo dispuesto en la ITC-RAT 23, ¿cuándo debe realizarse la inspección periódica de las instalaciones de alta tensión?

a) En los tres meses siguientes a la finalización de la fecha de validez de la anterior inspección.
b) En los seis meses siguientes a la finalización de la fecha de validez de la anterior inspección.
c) Antes de la finalización de la fecha de validez de la anterior inspección.
d) En el mes siguiente a la finalización de la fecha de validez de la anterior inspección.

11. Según lo dispuesto en la ITC-RAT 23, ¿las instalaciones de tensión nominal superior a 30 kV deberán ser objeto, también, de una inspección inicial antes de su puesta en servicio?

a) Sí, al igual que las instalaciones de alta tensión.
b) No, se encuentran expresamente excluidas de la inspección previa por la ITC-EAT 23.
c) No serán objeto de la inspección inicial, pero sí de las inspecciones periódicas.
d) Serán objeto de inspección inicial, pero no de las inspecciones periódicas.

12. Según lo dispuesto en la ITC-RAT 23, ¿por quién deben ser realizadas las verificaciones previas a la puesta en servicio de las instalaciones de alta tensión?

a) Por la Administración pública competente.
b) Por Organismos de Control Habilitados.
c) Por las empresas instaladoras que las ejecuten.
d) Por el titular de la instalación.

13. Según lo dispuesto en la ITC-RAT 23, si la instalación va a ser cedida a una entidad de transporte o distribución, ¿a quién corresponde indicar que la puesta en servicio ha sido realizada según el Reglamento sobre condiciones técnicas y garantías de seguridad en instalaciones eléctricas de alta tensión?

a) Al propietario que cede la instalación.
b) Al Organismo de Control Habilitado que haya realizado las inspecciones.
c) A la entidad de transporte o distribución que la puesta en servicio que resulte cesionaria.
d) A la Administración pública competente.

14. ¿A quién corresponde efectuar las verificaciones previas a la puesta en servicio de las instalaciones eléctricas de alta tensión?

a) Al propietario de la instalación, únicamente.
b) Al Organismo de Control Habilitado.
c) A la Administración pública competente.
d) Al titular de la instalación o una empresa mandataria.

15. Si la verificación previa a la puesta en servicio de las instalaciones eléctricas de alta tensión es realizada por una empresa mandatada, ¿con qué necesita contar esa empresa?

a) Con experiencia acreditada de, al menos, diez años en ese campo.
b) Con licencia administrativa.
c) Con habilitación según lo dispuesto en la ITC-RAT 21.
d) Con seguro de responsabilidad civil.

16. ¿Cuál de las siguientes no es una de las verificaciones que se deben efectuar en los ensayos previos a la puesta en servicio de las instalaciones de alta tensión?

a) Medidas de las tensiones de paso y contacto, con la particularidad de que en las instalaciones de tercera categoría, se podrá aplicar lo indicado en la ITC-RAT 13.
b) Verificación de las distancias mínimas de aislamiento en aire entre partes en tensión y entre estas y tierra, siempre que n o se hayan realizado previamente ensayos de aislamiento según lo establecido en la ITC-RAT 12.
c) Verificación visual y ensayos funcionales del equipo eléctrico y de partes de la instalación.
d) Verificación del correcto funcionamiento de los bloqueadores y otros elementos de contención.

17. ¿Cuál de los siguientes extremos debe ser objeto de especial verificación en las instalaciones de tensión nominal mayor o igual de 220 kV?

a) La verificación del estado del aislamiento y en particular de la rigidez dieléctrica de los aislantes líquidos.
b) Verificación de las distancias mínimas de aislamiento en aire entre partes en tensión y entre estas y tierra, siempre que n o se hayan realizado previamente ensayos de aislamiento según lo establecido en la ITC-RAT 12.

c) Verificación visual y ensayos funcionales del equipo eléctrico y de partes de la instalación.
d) Pruebas funcionales de los relés de protección y de los enclavamientos montados en obra.

18. ¿Las verificaciones previstas en la ITC-RAT 23 pueden ser sustituidas por otros medios de control de la instalación?

a) No, en ningún caso.
b) Sí, por aquellas medidas sustitutivas que estime el titular de la instalación.
c) Sí, por planes concertados con la Administración pública competente que garanticen que la instalación está correctamente mantenida.
d) Sí, por pruebas funcionales que establezca el Organismo de Control Habilitado.

18. ¿A quién corresponde emitir el Acta de verificación?

a) A la entidad titular.
b) A la empresa mandataria.
c) A la Administración pública competente.
d) Al Organismo de Control Habilitado.

19. Si en el Acta de verificación se consignan defectos graves o muy graves, ¿qué plazo para su corrección debe fijarse en el Acta?

a) Un mes.
b) Un año.
c) Dieciocho meses.
d) Seis meses.

20. ¿A quién debe enviar la entidad titular una copia del Acta de Verificación?

a) A la Administración pública competente.
b) A la empresa mandataria.
c) Al Organismo de Control Habilitado.
d) Al titular de la instalación.

21. ¿En qué plazo desde su ejecución debe la entidad titular enviar una copia del Acta de Verificación a la Administración Pública competente?

a) Quince días.
b) Siete días.
c) Un mes.
d) Dos meses.

22. ¿Cómo se denomina la inspección que tiene por objeto verificar los ensayos realizados por la empresa instaladora, que los medios técnicos son apropiados y están en correcto estado de calibración, así como que la instalación cumple con las condiciones establecidas el Reglamento?

a) Verificación inicial.
b) Inspección inicial.

c) Inspección periódica.

d) Inspección para obtención de licencia.

23. En la inspección inicial, ¿quién debe asistir al organismo de control en la realización de las pruebas y ensayos necesarios?

a) El arrendatario de la instalación.

b) El titular de la instalación.

c) La empresa mantenedora.

d) La empresa instaladora.

24. En la inspección periódica, ¿quién debe asistir al organismo de control en la realización de las pruebas y ensayos necesarios?

a) El arrendatario de la instalación.

b) El titular de la instalación.

c) La empresa mantenedora.

d) La empresa instaladora.

25. ¿Cómo se denomina el documento que, como resultado de la inspección, debe emitir el agente encargado de la inspección?

a) Certificado de inspección.

b) Acta de verificación.

c) Memoria de inspecciones.

d) Garantía de seguridad.

26. ¿Cómo será calificada la inspección o verificación cuando no se determine la existencia de ningún defecto muy grave o grave?

a) Apta.

b) Negativa.

c) Favorable.

d) Condicionada.

27. ¿Cómo será calificada la inspección o verificación cuando se detecte la existencia de, al menos, un defecto grave o defecto leve procedente de otra inspección anterior que no se haya corregido?

a) Subsanable.

b) Negativa.

c) Favorable.

d) Condicionada.

28. Si una instalación nueva es calificada en una inspección o verificación como condicionada, ¿cuál de las siguientes consecuencias le resulta de aplicación?

a) Dispondrá de un plazo de un mes para la corrección de los defectos indicados.
b) No podrán ser puestas en servicio en tanto no se hayan corregido los defectos indicados y puedan obtener la calificación de favorable.
c) Deberá corregir los defectos indicados antes de la próxima inspección periódica.
d) Dispondrá de un plazo de seis meses para la corrección de los defectos indicados.

29. Si una instalación ya en servicio es calificada en una inspección o verificación como condicionada, ¿cuál de las siguientes consecuencias le resulta de aplicación?

a) Se les fijará un plazo para proceder a su corrección, que no podrá superar dos meses.
b) No podrán ser puestas en servicio en tanto no se hayan corregido los defectos indicados y puedan obtener la calificación de favorable.
c) Deberá corregir los defectos indicados antes de la próxima inspección periódica.
d) Se les fijará un plazo para proceder a su corrección, que no podrá superar los seis meses.

30. ¿Cómo será calificada la inspección o verificación cuando se detecte la existencia de, al menos, un defecto muy grave?

a) Condicionada.
b) Desfavorable.
c) Negativa.
d) Provisional.

31. Si una instalación ya en servicio es calificada en una inspección o verificación como negativa, ¿cuál de las siguientes consecuencias le resulta de aplicación?

a) Se le emitirá certificado negativo, que se remitirá inmediatamente, por el organismo de control a la Administración pública competente.
b) No podrán ser puestas en servicio en tanto no se hayan corregido los defectos indicados y puedan obtener la calificación de favorable.
c) Deberá corregir los defectos indicados antes de la próxima inspección periódica.
d) Se les fijará un plazo para proceder a su corrección, que no podrá superar los seis meses.

32. ¿Cómo se califica aquel defecto en que la razón o la experiencia determina que constituye un riesgo grave e inminente para la seguridad de las personas o los bienes?

a) Defecto Muy Grave.
b) Defecto Grave.
c) Defecto Leve.
d) Defecto de Seguridad.

33. ¿Cómo se califica el defecto consistente en la reducción de las distancias de aislamiento?

a) Defecto Muy Grave.
b) Defecto Grave.
c) Defecto Leve.
d) Defecto de Seguridad.

34. ¿Cómo se califica el defecto consistente en que las tensiones de paso y contacto superiores a los valores límites admisibles?

a) Defecto Muy Grave.
b) Defecto Grave.
c) Defecto Leve.
d) Defecto de Seguridad.

35. ¿Cómo se califica el defecto no supone un riesgo grave e inminente para la seguridad de las personas o de los bienes, pero puede serlo al originarse un fallo en la instalación?

a) Defecto Muy Grave.
b) Defecto Grave.
c) Defecto Leve.
d) Defecto de Seguridad.

36. ¿Cómo se califica el defecto que pueda reducir de modo sustancial la capacidad de utilización de la instalación eléctrica?

a) Defecto Muy Grave.
b) Defecto Grave.
c) Defecto Leve.
d) Defecto de capacidad.

37. ¿Cómo se califica el defecto consistente en la sección insuficiente de los cables y circuitos de tierras?

a) Defecto Muy Grave.
b) Defecto Grave.
c) Defecto Leve.
d) Defecto de Seguridad.

38. ¿Cómo se califica el defecto consistente en la existencia de partes o puntos de la instalación cuya defectuosa ejecución o mantenimiento pudiera ser origen de averías o daños?

a) Defecto Muy Grave.
b) Defecto Grave.

c) Defecto Leve.
d) Defecto de instalación.

39. ¿Cómo se califica el defecto consistente en el empleo de equipos y materiales que no se ajusten a las especificaciones aplicables?

a) Defecto Muy Grave.
b) Defecto Grave.
c) Defecto Leve.
d) Defecto de Equipamiento.

40. ¿Cómo se califica el defecto consistente en la ausencia de las declaraciones de conformidad de los equipos, o falta de veracidad de las mismas?

a) Defecto Muy Grave.
b) Defecto Grave.
c) Defecto Leve.
d) Defecto de falsedad documental.

41. ¿Cómo se califica el defecto que no supone peligro para las personas o los bienes, no perturba el funcionamiento de la instalación y en el que la desviación respecto de lo reglamentado no tiene valor significativo para el uso efectivo o el funcionamiento de la instalación?

a) Defecto Muy Grave.
b) Defecto Grave.
c) Defecto Leve.
d) Defecto subsanable.

42. ¿Cómo se clasifica en el Anexo de la ITC-RAT 23 el telurómetro?

a) Como equipo necesario para cualquier categoría.
b) Como equipo complementario.
c) Como equipo de protección individual.
d) Como equipo opcional.

43. ¿Cómo se clasifica en el Anexo de la ITC-RAT 23 la cámara termográfica?

a) Como equipo necesario para cualquier categoría.
b) Como equipo complementario.
c) Como equipo de protección individual.
d) Como equipo opcional.

44. ¿Cómo se clasifica en el Anexo de la ITC-RAT 23 el equipo verificador de la continuidad de conductores?

a) Como equipo necesario para cualquier categoría.
b) Como equipo complementario.

c) Como equipo de protección individual.

d) Como equipo opcional.

45. ¿Cómo se clasifica en el Anexo de la ITC-RAT el medidor de rigidez dieléctrica de aislantes líquidos?

a) Como equipo necesario para cualquier categoría.

b) Como equipo complementario para la categoría AT2 para comprobar el estado de los transformadores y de los interruptores automáticos.

c) Como equipo de protección individual.

d) Como equipo opcional.

46. ¿Cómo se clasifica en el Anexo de la ITC-RAT el medidor de tiempos de cierre y apertura de interruptores automáticos?

a) Como equipo necesario para cualquier categoría.

b) Como equipo complementario para la categoría AT2 para comprobar el estado de los transformadores y de los interruptores automáticos.

c) Como equipo de protección individual.

d) Como equipo opcional.

En MADTEST tienes **más preguntas de este tema**, y todos tus avances quedan registrados y se reflejan en el ranking.

¡Supera tus límites con MADTEST!

Solución al test n.º 17

1. d) Minimizar el consumo de las instalaciones de cara a reducir la contaminación y colaborar en la lucha contra el cambio climático.

2. b) Cada tres años.

3. b) Al titular de la instalación.

4. c) Por Organismos de Control Habilitados.

5. d) Todas las anteriores son correctas.

6. b) Los Organismos de Control Habilitados.

7. a) Sí, para garantizar el correcto funcionamiento del sistema.

8. c) ITC-RAT 23.

9. b) Sí, con objeto de revisar el seccionamiento que garantiza la situación de fuera de servicio y garantizar que no se encuentran en un estado de abandono que comprometa la seguridad de las personas o de los bienes.

10. c) Antes de la finalización de la fecha de validez de la anterior inspección.

11. a) Sí, al igual que las instalaciones de alta tensión.

12. c) Por las empresas instaladoras que las ejecuten.

13. c) A la entidad de transporte o distribución que la puesta en servicio que resulte cesionaria.

14. d) Al titular de la instalación o una empresa mandataria.

15. c) Con habilitación según lo dispuesto en la ITC-RAT 21.

16. d) Verificación del correcto funcionamiento de los bloqueadores y otros elementos de contención.

17. a) La verificación del estado del aislamiento y en particular de la rigidez dieléctrica de los aislantes líquidos.

18. c) Sí, por planes concertados con la Administración pública competente que garanticen que la instalación está correctamente mantenida.

19. a) A la entidad titular.

20. d) Seis meses.

21. a) A la Administración pública competente.

22. c) Un mes.

23. b) Inspección inicial.

24. d) La empresa instaladora.

25. c) La empresa mantenedora.

26. a) Certificado de inspección.

27. c) Favorable.

28. d) Condicionada.

29. b) No podrán ser puestas en servicio en tanto no se hayan corregido los defectos indicados y puedan obtener la calificación de favorable.

30. d) Se les fijará un plazo para proceder a su corrección, que no podrá superar los seis meses.

31. c) Negativa.

32. a) Se le emitirá certificado negativo, que se remitirá inmediatamente, por el organismo de control a la Administración pública competente.

33. a) Defecto Muy Grave.

34. a) Defecto Muy Grave.

35. b) Defecto Grave.

36. b) Defecto Grave.

37. b) Defecto Grave.

38. b) Defecto Grave.

39. b) Defecto Grave.

40. b) Defecto Grave.

41. c) Defecto Leve.

42. a) Como equipo necesario para cualquier categoría.

43. a) Como equipo necesario para cualquier categoría.

44. a) Como equipo necesario para cualquier categoría.

45. a) Como equipo necesario para cualquier categoría.

46. a) Como equipo necesario para cualquier categoría.

TEST N.º 18

Uso de productos Fitosanitarios, plaguicidas y biocidas: Real Decreto regulador de la capacitación para realizar tratamientos con biocidas (Objeto y ámbito de aplicación, definiciones Capacitación y Acreditación de la capacitación); Real Decreto para el establecimiento del marco de actuación para conseguir un uso sostenible de los productos fitosanitarios

1. ¿Se encuentran dentro del ámbito de aplicación del Real Decreto 830/2010, de 25 de junio, por el que se establece la normativa reguladora de la capacitación para realizar tratamientos con biocidas el uso de insecticidas por el público en general?

a) Sí, se encuentran dentro del ámbito de aplicación de la norma el uso de insecticidas por cualquier persona.
b) No, los productos autorizados para su uso por el público en general no son objeto del ámbito de dicha norma.
c) Sí, cuando la persona que emplea el insecticida sea un profesional de tratamientos biocidas.
d) Únicamente cuando el insecticida sea empleado mediante difusores de tipo industrial.

2. A los efectos del Real Decreto 830/2010, de 25 de junio, ¿con qué término se identifica a la persona que lleva a cabo la aplicación de productos biocidas?

a) Encargado de biocida.
b) Fumigador.
c) Botánico.
d) Aplicador de tratamiento biocida.

3. ¿A quién puede exigir la autoridad competente estar en posesión de los certificados de profesionalidad o los títulos que acrediten la capacitación pertinente para la aplicación de biocidas?

a) A cualquier persona que emplee un biocida, cualquiera que sea su ámbito.
b) A aquellas personas que realicen las actividades enumeradas en el artículo 1 del Real Decreto 830/2010, de 25 de junio.

c) A las personas que adquieran biocidas en cantidad superior a los 5 litros.
d) A las personas que presten servicios de fumigación, únicamente.

4. ¿Qué ley se desarrolla mediante el Real Decreto 1311/2012, de 14 de septiembre, por el que se establece el marco de actuación para conseguir un uso sostenible de los productos fitosanitarios?

a) El Real Decreto Legislativo 7/2015, de 30 de octubre, por el que se aprueba el texto refundido de la Ley de Suelo y Rehabilitación Urbana.
b) La Ley 8/2003, de 24 de abril, de sanidad animal.
c) La Ley 43/2002, de 20 de noviembre, de sanidad vegetal.
d) La Ley 7/2023, de 28 de marzo, de protección de los derechos y el bienestar de los animales.

5. A efectos del Real Decreto 1311/2012, de 14 de septiembre, ¿con qué término se identifica a la persona física o jurídica que comercialice productos fitosanitarios, incluidos mayoristas, minoristas, vendedores y proveedores?

a) Usuario profesional.
b) Distribuidor.
c) Asesor.
d) Indicador de riesgo.

6. A efectos del Real Decreto 1311/2012, de 14 de septiembre, ¿con qué término se identifica el examen cuidadoso de todos los métodos de protección vegetal disponibles y posterior integración de medidas adecuadas para evitar el desarrollo de poblaciones de organismos nocivos y mantener el uso de productos fitosanitarios y otras formas de intervención en niveles que estén económica y ecológicamente justificados y que reduzcan o minimicen los riesgos para la salud humana y el medio ambiente?

a) Gestión integrada de plagas.
b) Equipo de aplicación.
c) Aplicación aérea.
d) Indicador de riesgo.

7. ¿Cuál es el órgano nacional competente designado para la coordinación de las acciones que se regulan por el Real Decreto 1311/2012, de 14 de septiembre, y el punto focal de información sobre esta materia?

a) El Ministerio de Sanidad, Consumo y Bienestar Social.
b) El Ministerio para la Transición Ecológica.
c) El Ministerio de Agricultura, Pesca y Alimentación.
d) Ministerio de Igualdad.

8. El Plan de Acción Nacional se aplicará durante un periodo plurianual de, como mínimo ¿cuántos años?

a) 5 años.
b) 3 años.
c) 2 años.
d) 7 años.

9. ¿A quién corresponde elaborar anualmente un informe de los resultados de la aplicación del PAN durante el año anterior, incluyendo una evaluación de los mismos en relación con el cumplimiento de los objetivos?

a) Al Comité de Regiones.
b) Al Consejo Interterritorial del Sistema Nacional de Salud.
c) Al Consejo de Estado.
d) Al Ministerio de Agricultura, Pesca y Alimentación.

10. ¿En cuál de los siguientes casos procederá una revisión del Plan de Acción Nacional?

a) Siempre que se modifique la normativa vigente sobre la materia.
b) Siempre que se advierta una desviación significativa sobre los objetivos previstos.
c) Para tener en cuenta los efectos sanitarios, económicos o ambientales que estén ocasionando la aplicación de sus medidas.
d) Todas las anteriores son correctas.

11. ¿Es necesario estar inscrito en algún registro para ejercer como asesor en gestión integrada de plagas?

a) No, no es necesaria la inscripción en ningún registro público ni privado.
b) Sí, es necesario estar inscrito en la sección «asesores» del Registro Oficial de Productores y Operadores.
c) Sí, es necesario estar inscrito como colegiado en el Iltre. Colegio Oficial de Químicos.
d) Sí, es necesario estar inscrito como ejerciente en el Colegio de Médicos.

12. La acreditación de su condición ante la comunidad autónoma y la inscripción en una de las oficinas del Registro Oficial de Productores y Operadores faculta al asesor para ejercer su actividad:

a) En todo el territorio de la Comunidad Autónoma en la que se haya acreditado.
b) En todo el territorio nacional.
c) En todo el territorio comunitario.
d) En todo el territorio nacional y en aquellos países con los que España tenga celebrado un convenio al efecto.

13. ¿Dónde se publican las guías de gestión integrada de plagas de aplicación en las principales producciones, cultivos o grupos de cultivos?

a) En el BOE.
b) En el Boletín Oficial de la Comunidad Autónoma.
c) En la sede electrónica del Ministerio de Agricultura, Alimentación y Medio Ambiente.
d) En la sede electrónica del Ministerio de Sanidad.

14. ¿Cómo se denomina el actualizado el registro de tratamientos fitosanitarios que cada explotación agraria mantendrá actualizado?

a) Cuaderno Digital de Explotación Agrícola.
b) Cartilla de tratamientos fitosanitarios.
c) Vida fitosanitaria de la explotación agrícola.
d) Historial de control de plagas.

15. ¿Qué nivel de capacitación corresponde a los usuarios profesionales responsables de los tratamientos terrestres, incluidos los no agrícolas, y para los agricultores que realicen tratamientos empleando personal auxiliar?

a) Básico.
b) Cualificado.
c) Fumigador.
d) Piloto aplicador.

16. ¿Qué nivel de capacitación corresponde para aplicadores que realicen tratamientos con productos fitosanitarios que sean gases clasificados como tóxicos, muy tóxicos, o mortales, o que generen gases de esta naturaleza?

a) Básico.
b) Cualificado.
c) Fumigador.
d) Piloto aplicador.

17. ¿Cuál de las siguientes obligaciones deben desarrollar los organismos, instituciones o entidades encargadas de impartir las enseñanzas necesarias para adquirir los conocimientos exigidos para los distintos tipos de formación o capacitación de usuarios profesionales?

a) Disponer de personal docente cualificado para impartir las enseñanzas requeridas.
b) Comunicar al órgano competente el contenido, horas lectivas y titulación del profesorado, de los cursos que impartan.
c) Entregar a cada alumno que haya cursado con aprovechamiento dichas enseñanzas, un certificado acreditativo de esta circunstancia.
d) Todas las anteriores son correctas.

18. El cumplimiento de los requisitos de formación se acreditará por la posesión de un carné expedido por el órgano competente de la comunidad autónoma. ¿Qué validez tienen los carnés?

a) Dos años.
b) Cinco años.
c) Siete años.
d) Diez años.

19. Los productos fitosanitarios que sean gases clasificados como tóxicos, muy tóxicos, o mortales, o que generen gases de esta naturaleza, solo podrán ser suministrados a empresas de tratamientos con personal que disponga de un carné obtenido conforme a un nivel de capacitación de:

a) Fumigador.
b) Piloto aplicador.
c) Cualificado.
d) Básico.

20. De conformidad con lo dispuesto en el artículo 67.1 del Reglamento (CE) n.º 1107/2009, los productores y distribuidores de productos fitosanitarios de uso profesional llevarán un registro de todas las operaciones de entrega a un tercero. ¿Qué transacciones deben ser incluidas en el registro?

a) Únicamente las operaciones a título oneroso.
b) Tanto las operaciones a título oneroso como gratuito.
c) Las operaciones por valor superior a 3.000.-€.
d) Las operaciones con respecto al mismo cliente con periodicidad superior a la mensual.

21. ¿Cuál de las siguientes afirmaciones sobre las aplicaciones aéreas de productos fitosanitarios es incorrecta?

a) Solo podrán realizarse las aplicaciones aéreas autorizadas por el órgano competente de la comunidad autónoma donde vayan a realizarse.
b) Solo podrán realizarse sean promovidas por la propia administración tanto para el control de plagas declaradas de utilidad pública como para el control de otras plagas en base a razones de emergencia.
c) Será en cualquier caso condición necesaria para su realización que no se disponga de una alternativa técnica y económicamente viable.
d) Si la zona sobre la que se va a efectuar la pulverización está próxima a zonas habitadas o transitadas, en el procedimiento de autorización deberá considerarse el posible impacto sobre la salud humana no es necesaria ninguna consideración especial en la autorización.

22. Si se formula solicitud de autorización especial de aplicaciones aéreas y el órgano competente no dicta resolución en el plazo de seis meses o en el que disponga la normativa de la comunidad autónoma, ¿cómo ha de entenderse la solicitud?

a) Estimada por silencio administrativo.

b) Desestimada por silencio administrativo.

c) Suspendida.

d) Se entenderá estimada por silencio administrativo transcurrido un año desde la solicitud.

23. ¿A quién corresponde llevar una base de datos de las solicitudes y autorizaciones de las aplicaciones aéreas que pondrá a disposición del público la información pertinente contenida en ella, haciendo referencia en cualquier caso a la zona, fecha y momento del tratamiento, así como al producto fitosanitario utilizado?

a) Al Ministerio de Agricultura, Pesca y Alimentación.

b) Al Ministerio para la transición ecológica y Reto demográfico.

c) Al órgano competente de la comunidad autónoma.

d) Al Ayuntamiento al que corresponda la zona donde se haya realizado la aplicación aérea.

24. Cuando se apliquen productos fitosanitarios se respetará una banda de seguridad mínima, con respecto a las masas de agua superficial de:

a) 1 metro.

b) 5 metros.

c) 15 metros.

d) 25 metros.

25. ¿A partir de qué velocidad del viento deben evitarse todo tipo de tratamientos con productos fitosanitarios?

a) Con vientos superiores a 30 metros por segundo.

b) Con vientos superiores a 6 metros por segundo.

c) Con vientos superiores a 3 metros por segundo.

d) Con vientos superiores a 10 metros por segundo.

26. Sin perjuicio de lo establecido en la legislación sobre transporte de mercancías peligrosas, ¿cómo debe realizarse el transporte de los productos fitosanitarios con medios propios del titular de la explotación?

a) De forma que no se puedan producir vertidos.

b) De forma progresiva.

c) De la manera ágil y rápida que sea posible.

d) En horario nocturno.

27. En el transporte de los productos fitosanitarios con medios propios del titular de la explotación, ¿qué se evitará atravesar con el equipo de tratamiento cargado con la mezcla del producto fitosanitario?

a) Reservas naturales y espacios protegidos.
b) Zonas recreativas e infantiles.
c) Núcleos urbanos.
d) Cauces de agua.

28. ¿A qué distancia mínima de masas de agua superficiales y de pozos debe realizarse la limpieza de los equipos de tratamiento?

a) A una distancia no inferior a 30 metros.
b) A una distancia no inferior a 60 metros.
c) A una distancia no inferior a 100 metros.
d) A una distancia no inferior a 50 metros.

29. ¿Cómo se denomina el instrumento censal necesario para optimizar la realización de estadísticas, de la planificación y realización de los controles oficiales que realizan las comunidades autónomas y de otras políticas agrarias, y para la necesaria información a los agricultores y demás interesados en la materia?

a) ASAJA.
b) Censo de profesionales fitosanitarios.
c) Registro Oficial de Productores y Operadores.
d) Libro de control fitosanitario.

30. ¿Resulta preceptiva la inscripción en el Registro Oficial de Productores y Operadores a quienes comercialicen exclusivamente productos fitosanitarios autorizados para usos no profesionales?

a) Sí, en todo caso.
b) No, se encuentran expresamente excepcionados de la obligación de inscripción.
c) Sí, cuando el volumen de operaciones supere los 100 kl/l al mes.
d) Sí, cuando la comunidad autónoma así lo establezca en su normativa.

31. ¿A quién debe remitir el órgano competente de cada comunidad autónoma en el primer trimestre del año un informe incluyendo, a nivel de provincia, el resumen del movimiento anual del Registro Oficial de Productores y Operadores y su estado a 31 de diciembre del año anterior?

a) Al Órgano competente del Ministerio de Agricultura, Alimentación y Medio Ambiente.
b) A las Asociaciones de Consumidores y Usuarios.
c) Al Ministerio de Sanidad.
d) Al Comité de Regiones.

32. ¿Qué documento debe acompañar a la solicitud la persona que solicite la inscripción en el Registro Oficial de Productores y Operadores?

a) Documentación acreditativa de seguro en vigor de responsabilidad civil.
b) Declaración responsable firmada.
c) Caución.
d) Documentación acreditativa de su formación, carné o titulación en la materia, según proceda.

33. ¿Cuál es el plazo máximo para resolver sobre la solicitud de inscripción en el Registro Oficial de Productores y Operadores?

a) 40 días.
b) Un mes.
c) Dos meses.
d) Seis meses.

34. Salvo norma en contrario de la comunidad autónoma correspondiente, en caso de no dictarse resolución en el plazo establecido, ¿cómo debe entenderse la solicitud formulada para la inscripción en el Registro Oficial de Productores y Operadores?

a) Suspendida.
b) Caducada.
c) Desestimada por silencio administrativo su solicitud.
d) Estimada por silencio administrativo su solicitud.

35. ¿En qué casos se procederá a la cancelación de la inscripción en el Registro Oficial de Productores y Operadores?

a) Cuando así lo solicite el titular del establecimiento o servicio.
b) Cuando se proceda por la Administración local competente a la revocación de la licencia de apertura de establecimiento, y se reciba la notificación de dicha revocación.
c) Cuando, transcurrido el plazo de validez del certificado de inscripción, el titular no haya solicitado la expedición de un nuevo certificado.
d) Todas las anteriores son correctas.

36. ¿Cuál de las siguientes zonas tiene la consideración de específica lo que implica que la autoridad competente velará porque se minimice o prohíba el uso de plaguicidas adoptándose medidas adecuadas de gestión del riesgo y concediendo prioridad al uso de productos fitosanitarios de bajo riesgo?

a) Redes de servicios como ferrocarriles y demás redes viarias.
b) Zonas industriales.
c) Parques abiertos, que comprenden los parques y jardines de uso público al aire libre, incluidas las zonas ajardinadas de recintos de acampada (camping) y demás recintos para esparcimiento, así como el arbolado viario y otras alineaciones de vegetación en el medio urbano.
d) Espacios de uso privado como jardines domésticos de exterior.

37. ¿Están permitidos los tratamientos con aeronaves en los campos destinados para la práctica del deporte por personas?

a) No, se encuentra expresamente prohibido.
b) Resulta necesaria autorización administrativa.
c) Se encuentra expresamente permitido.
d) No existe disposición al respecto.

38. ¿Puede un usuario no profesional realizar tratamientos en huertos familiares?

a) No, se encuentra expresamente prohibido.
b) Sí, siempre que lo realice con productos expresamente autorizados para uso no profesional en estos ámbitos.
c) Sí, con independencia de los productos que emplee.
d) No, si el huerto no es de su propiedad.

39. ¿Dónde deben guardar los productos fitosanitarios los usuarios no profesionales?

a) En las zonas industriales situadas en los exteriores de la ciudad.
b) En la sede de las empresas almacenadoras especialistas en la materia.
c) En un armario fuera del alcance de los niños, preferentemente en un local donde estos no tengan acceso.
d) En local cerrado al público que se encuentre a una distancia mínima de 100 metros de zonas residenciales.

40. El asesoramiento sobre la gestión integrada de plagas se realizará a petición:

a) Del usuario profesional o empresa que, en su caso, haya de realizar el tratamiento.
b) Del consumidor no profesional.
c) De cualquiera de las partes.
d) Del consumidor profesional.

41. El asesoramiento sobre la gestión integrada de plagas se realizará a petición Del usuario profesional o empresa que, en su caso, haya de realizar el tratamiento. ¿Dónde quedará reflejado?

a) En la factura que se emita tras el pago.
b) En el documento de asesoramiento.
c) En el consentimiento informado.
d) En declaración jurada prestada por el profesional.

42. El usuario profesional o empresa contratante solicitará al órgano competente de la Administración local la autorización para realizar dicho trabajo con al menos:

a) 20 días hábiles de antelación al comienzo de cada tratamiento.
b) 7 días hábiles de antelación al comienzo de cada tratamiento.

c) 30 días hábiles de antelación al comienzo de cada tratamiento.

d) 10 días hábiles de antelación al comienzo de cada tratamiento.

43. El usuario profesional o empresa contratante solicitará al órgano competente de la Administración local la autorización para realizar dicho trabajo. ¿Qué documentación debe acompañar?

a) El plan de trabajo.

b) El documento o documentos de asesoramiento.

c) El contrato o contratos respectivos.

d) Todas las anteriores son correctas.

44. Si el usuario profesional o empresa contratada incluye en el plan de trabajo la necesidad de repetir el tratamiento, ¿debe realizar una nueva comunicación a la Administración?

a) No es necesario, se entiende autorizado por la primera comunicación.

b) Debe remitir una comunicación informativa, sin necesidad de estar a la espera de respuesta.

c) Sí, deberá comunicar al órgano competente de la Administración local, la fecha en que realizará la repetición, con al menos 10 días hábiles de antelación.

d) En tal caso, la comunicación es voluntaria.

45. ¿Se requiere la presentación de la solicitud para los tratamientos que se realicen en viveros?

a) No, los tratamientos que se realicen en viveros son una excepción a la norma general de presentación de solicitud.

b) Sí, como en el resto de tratamientos.

c) Sí, deberá comunicar al órgano competente de la Administración local, la fecha en que realizará la repetición, con al menos 10 días hábiles de antelación.

d) En tal caso, la comunicación es voluntaria.

46. Salvo aquellos casos en que los envases estén adscritos a un sistema específico de depósito, devolución y retorno, ¿dónde se depositarán, una vez vacíos, los envases destinados a usuarios no profesionales?

a) Deberán ser entregados a un gestor de residuos autorizado.

b) Se mantendrán guardados en una bolsa almacenada hasta el momento de su traslado al punto de recogida y se depositarán, en los contenedores del sistema de gestión de envases industriales al que estén adheridos.

c) En los correspondientes contenedores del sistema integrado de gestión de residuos orgánicos para el ámbito urbano.

d) En los correspondientes contenedores del sistema integrado de gestión de envases para el ámbito urbano.

47. ¿A quién corresponde la competencia en materia de controles oficiales no agrarios?

a) A la Diputación Provincial.
b) A los órganos competentes de las comunidades autónomas o de la Administración local, designados al efecto.
c) Al Ministerio de Agricultura, Pesca y Alimentación.
d) Al Ministerio de Sanidad, Consumo y Bienestar Social.

En MADTEST tienes **más preguntas de este tema**, y todos tus avances quedan registrados y se reflejan en el ranking.

¡Supera tus límites con MADTEST!

Solución al test n.º 18

1. b) No, los productos autorizados para su uso por el público en general no son objeto del ámbito de dicha norma.

2. d) Aplicador de tratamiento biocida.

3. b) A aquellas personas que realicen las actividades enumeradas en el artículo 1 del Real Decreto 830/2010, de 25 de junio.

4. c) La Ley 43/2002, de 20 de noviembre, de sanidad vegetal.

5. b) Distribuidor.

6. a) Gestión integrada de plagas.

7. c) El Ministerio de Agricultura, Pesca y Alimentación.

8. a) 5 años.

9. d) Al Ministerio de Agricultura, Pesca y Alimentación.

10. d) Todas las anteriores son correctas.

11. b) Sí, es necesario estar inscrito en la sección «asesores» del Registro Oficial de Productores y Operadores.

12. b) En todo el territorio nacional.

13. c) En la sede electrónica del Ministerio de Agricultura, Alimentación y Medio Ambiente.

14. a) Cuaderno Digital de Explotación Agrícola.

15. b) Cualificado.

16. b) Cualificado.

17. d) Todas las anteriores son correctas.

18. d) Diez años.

19. a) Fumigador.

20. b) Tanto las operaciones a título oneroso como gratuito.

21. d) Si la zona sobre la que se va a efectuar la pulverización está próxima a zonas habitadas o transitadas, en el procedimiento de autorización deberá considerarse el posible impacto sobre la salud humana no es necesaria ninguna consideración especial en la autorización.

22. a) Estimada por silencio administrativo.

23. c) Al órgano competente de la comunidad autónoma.

24. b) 5 metros.

25. c) Con vientos superiores a 3 metros por segundo.

26. a) De forma que no se puedan producir vertidos.

27. d) Cauces de agua.

28. d) A una distancia no inferior a 50 metros.

29. c) Registro Oficial de Productores y Operadores.

30. b) No, se encuentran expresamente excepcionados de la obligación de inscripción.

31. a) Al Órgano competente del Ministerio de Agricultura, Alimentación y Medio Ambiente.

32. b) Declaración responsable firmada.

33. a) 40 días.

34. d) Estimada por silencio administrativo su solicitud.

35. d) Todas las anteriores son correctas.

36. c) Parques abiertos, que comprenden los parques y jardines de uso público al aire libre, incluidas las zonas ajardinadas de recintos de acampada (camping) y demás recintos para esparcimiento, así como el arbolado viario y otras alineaciones de vegetación en el medio urbano.

37. a) No, se encuentra expresamente prohibido.

38. b) Sí, siempre que lo realice con productos expresamente autorizados para uso no profesional en estos ámbitos.

39. c) En un armario fuera del alcance de los niños, preferentemente en un local donde estos no tengan acceso.

40. a) Del usuario profesional o empresa que, en su caso, haya de realizar el tratamiento.

41. b) En el documento de asesoramiento.

42. d) 10 días hábiles de antelación al comienzo de cada tratamiento.

43. d) Todas las anteriores son correctas.

44. c) Sí, deberá comunicar al órgano competente de la Administración local, la fecha en que realizará la repetición, con al menos 10 días hábiles de antelación.

45. a) No, los tratamientos que se realicen en viveros son una excepción a la norma general de presentación de solicitud.

46. d) En los correspondientes contenedores del sistema integrado de gestión de envases para el ámbito urbano.

47. b) A los órganos competentes de las comunidades autónomas o de la Administración local, designados al efecto.

TEST N.º 19

Requisitos sanitarios para la prevención y el control de la legionelosis según el Real Decreto por el que se establecen los requisitos sanitarios para la prevención y el control de la legionelosis, y sus modificaciones

1. ¿Cuál es la normativa por la que se establecen los requisitos sanitarios para la prevención y el control de la legionelosis y que tiene como objeto la protección de la salud de la población a través de la prevención y control de la legionelosis mediante la adopción de medidas sanitarias en aquellas instalaciones que utilicen agua en las que Legionella es capaz de proliferar?

a) Real Decreto 830/2010, de 25 de junio, por el que se establece la normativa reguladora de la capacitación para realizar tratamientos con biocidas el uso de insecticidas por el público en general.

b) Real Decreto 1027/2007, de 20 de julio, por el que se aprueba el Reglamento de Instalaciones Térmicas en los Edificios.

c) Ley 14/1986, de 25 de abril, General de Sanidad.

d) Real Decreto 487/2022, de 21 de junio, por el que se establecen los requisitos sanitarios para la prevención y el control de la legionelosis.

2. A los efectos del Real Decreto 487/2022, de 21 de junio, ¿con qué término se identifica a toda sustancia o mezcla, en la forma en que se suministra al usuario, que esté compuesta por, o genere una o más sustancias activas, con la finalidad de destruir, contrarrestar o neutralizar cualquier organismo nocivo, o de impedir su acción o ejercer sobre él un efecto de control de otro tipo, por cualquier medio que no sea una mera acción física o mecánica?

a) Biocida.
b) Biocapa o biofilm.
c) Biodispersantes.
d) Agua sanitaria.

3. A los efectos del Real Decreto 487/2022, de 21 de junio, ¿con qué término se identifica al conjunto de actividades que permiten minimizar el riesgo de proliferación y/o diseminación de Legionella en las instalaciones o establecimientos?

a) Instalaciones prioritarias.
b) Plan Sanitario frente a Legionella.
c) Plan de Prevención y Control de Legionella.
d) Punto crítico.

4. ¿Se encuentran incluidas en el ámbito de aplicación del Real Decreto 487/2022, de 21 de junio, las instalaciones ubicadas en edificios dedicados al uso exclusivo de vivienda?

a) No, se encuentran excluidas en todo caso.
b) No, se encuentran excluidas siempre y cuando no afecten al ambiente exterior de estos edificios.
c) Sí, se encuentran incluidas en todo caso.
d) Sí, se encuentran incluidas cuando en el edificio residan más de 30 personas.

5. ¿Quiénes son los responsables de las instalaciones objeto del Real Decreto 487/2022, de 21 de junio?

a) Únicamente las personas físicas titulares de las instalaciones.
b) Las personas físicas o jurídicas titulares de las instalaciones.
c) Únicamente las personas jurídicas titulares de las instalaciones.
d) Las personas usuarias de las instalaciones.

6. Si el titular de una instalación de las contempladas en el Real Decreto 487/2022, de 21 de junio contrata las actividades recogidas en dicha norma a un servicio externo, ¿queda exento de responsabilidad de garantizar que las instalaciones no representen un riesgo para la salud pública?

a) Sí, el nuevo responsable pasará a ser la empresa contratada.
b) Sí, cuando la contratación sea por el total de las actividades que deba realizar el titular.
c) No, si la contratación es parcial respecto al total de las actividades que deba realizar el titular.
d) No, la contratación de la realización, total o parcial de las actividades contempladas en el real decreto con un servicio externo, no exime a la persona titular de la instalación de su responsabilidad.

7. Según se establece en el Anexo III del Real Decreto 487/2022, de 21 de junio sobre los sistemas de agua sanitaria, las instalaciones de agua fría mantendrán la temperatura del agua en el circuito de agua fría lo más baja posible procurando, donde las condiciones climatológicas lo permitan, una temperatura:

a) Inferior a 30 ºC.
b) Inferior a 20 ºC.

c) Inferior a 7 ºC.
d) Inferior a 10 ºC.

8. Según se establece en el Anexo III del Real Decreto 487/2022, de 21 de junio sobre los sistemas de agua sanitaria, las instalaciones de agua caliente, el agua almacenada en los acumuladores de agua caliente finales, es decir, inmediatamente anteriores a consumo, deberá tener una temperatura homogénea y mínima de:

a) 40 ºC.
b) 100 ºC.
c) 30 ºC.
d) 60 ºC.

9. Según lo dispuesto en el Real Decreto 487/2022, de 21 de junio, ¿quién está obligado a controlar y prevenir la aparición y proliferación de Legionella?

a) La Administración pública competente.
b) La empresa mantenedora.
c) La persona titular de una instalación.
d) La persona usuaria de la instalación.

10. ¿Cuál de los siguientes no es uno de los principios de las medidas preventivas en las instalaciones de riesgo recogidos en el Real Decreto 487/2022, de 21 de junio?

a) Garantizar la eliminación o reducción de zonas sucias, el acumulo de suciedad, así como los estancamientos mediante un buen diseño y el mantenimiento de las instalaciones y equipos.
b) Minimizar la emisión de aerosoles.
c) Aplicar medidas correctoras para mitigar el riesgo.
d) Limitar el acceso al personal vacunado.

11. ¿A quién corresponde la elaboración e implantación de un Plan de Prevención y Control de Legionella adaptado a las particularidades y características de su instalación?

a) Al Servicio de Prevención de Riesgos Laborales.
b) A la Administración pública competente.
c) La persona titular de una instalación.
d) A la empresa suministradora.

12. ¿Cuándo debe ser revisado y actualizado el Plan de Prevención y Control de Legionella?

a) Si se detectan desviaciones importantes durante la evaluación periódica.
b) Cuando la autoridad sanitaria lo considere necesario.

c) Tras reformas sustanciales en la instalación o contaminaciones microbianas.

d) Todas las anteriores son correctas.

13. ¿Durante cuánto tiempo debe conservarse y estar a disposición de las autoridades sanitarias la documentación y registros correspondientes a las diferentes operaciones del Plan de Prevención y Control de Legionella?

a) Durante, al menos, siete años desde su generación.

b) Durante, al menos, cinco años desde su generación.

c) Durante, al menos, dos años desde su generación.

d) Durante el año natural.

14. ¿En las recomendaciones de qué entidad tiene su fundamento en Plan Sanitario frente a Legionella?

a) De la Organización Mundial de la Salud.

b) Del Ministerio de Sanidad.

c) De la Organización de Naciones Unidas.

d) Del Sistema Nacional de Salud.

15. ¿A quién corresponde ejercer las funciones de control oficial del correcto cumplimiento de cuanto se establece en el real decreto?

a) A la autoridad sanitaria.

b) A la Diputación Provincial.

c) Al titular de la instalación.

d) A la empresa mantenedora.

16. ¿A quién deben notificarse los resultados analíticos sobre Legionella?

a) Al titular de la instalación.

b) A la autoridad sanitaria.

c) Al Sistema de Información Nacional de Aguas de Consumo (SINAC).

d) A la Organización Mundial de la Salud.

17. Si se detectan irregularidades, desviaciones de temperatura, nivel de desinfectante o ante cualquier incidencia que se produzca en la instalación, ¿quién deberá valorar la adopción de las medidas correspondientes?

a) El titular de la instalación.

b) A la autoridad sanitaria.

c) El responsable técnico del Plan.

d) El Delegado de Prevención de Riesgos Laborales.

18. ¿Cuál de los siguientes parámetros químicos deberán determinarse in situ cuando se tomen muestras para analizar Legionella spp.?

a) pH.
b) Temperatura.
c) Conductividad.
d) Todas las anteriores son correctas.

19. Cuando se tomen muestras para analizar Legionella spp., ¿de qué deberá disponer la instalación, tanto de la persona o entidad que realice la toma de muestras como para la autoridad sanitaria, en el caso de muestras oficiales?

a) Del esterilizante prescrito por la autoridad sanitaria.
b) Del neutralizante específico en relación con el desinfectante utilizado en la desinfección.
c) De Equipos de Protección Individual.
d) De un alcalino apropiado para la muestra.

20. La autoridad sanitaria coordinará las actuaciones de todos los profesionales, de diferentes empresas, entidades o administraciones que intervengan en la investigación de casos o brotes de legionelosis, teniendo en cuenta lo establecido por…

a) La autoridad sanitaria.
b) La Red Nacional de Vigilancia Epidemiológica.
c) La Organización Mundial de la Salud.
d) El Sistema Nacional de Salud.

21. Si se han realizado reformas estructurales en la instalación por requerimiento de la autoridad sanitaria, se llevará a cabo un tratamiento de limpieza y desinfección y una nueva toma de muestras comprobar la eficacia de las medidas aplicadas. ¿Cuándo se realizará esa nueva toma de muestras?

a) Al mes de la realización del tratamiento.
b) A las 48 horas posteriores de la realización del tratamiento.
c) Entre los 15 y 30 días posteriores de la realización del tratamiento.
d) Dentro de los 20 días hábiles siguientes a la realización del tratamiento.

22. Los edificios o las instalaciones que han sido asociados a casos de legionelosis deberán:

a) Ser sometidos a una vigilancia especial y continuada, según determine la autoridad sanitaria.
b) Ser demolidos.
c) Ser aislados por plazo de una semana.
d) Ser desinfectados según determine la autoridad sanitaria.

23. ¿Dónde deben estar inscritas las personas físicas o jurídicas de servicios biocidas a terceros?

a) En el Registro Estatal de Profesionales Sanitarios (REPS).
b) En el Registro Oficial de Fumigadores.
c) En el Registro Oficial de Establecimientos y Servicios Biocidas.
d) En el Registro Sanitario de Empresas y Establecimientos Alimentarios.

24. ¿Qué debe facilitar la empresa fabricante de sistemas físicos frente a Legionella al titular de la instalación en relación con las especificaciones técnicas o de funcionamiento?

a) Una declaración responsable de seguridad.
b) La documentación técnica correspondiente a los estudios específicos llevados a cabo en laboratorios acreditados.
c) Certificaciones externas de organismos nacionales o internacionales sobre su eficacia frente la Legionella.
d) Todas las anteriores son correctas.

25. La persona titular de las instalaciones garantizará que cuente con la formación requerida a la actividad que desempeña:

a) Tanto al personal propio como externo.
b) Al personal externo.
c) Tanto al personal fijo como temporal.
d) Al personal propio.

26. El personal propio o de empresa de servicios a terceros que realice operaciones menores en la prevención y control de Legionella, ¿debe ser incluido dentro del plan de formación de la empresa titular de la instalación o de la empresa de servicios a terceros?

a) Sí, por tratarse de operaciones menores.
b) Sí, en todo caso.
c) No, si la frecuencia de sus operaciones no supera el carácter mensual.
d) No, en ningún caso.

27. ¿Cómo califica el Real Decreto 487/2022, de 21 de junio, las infracciones cometidas por simple negligencia, siempre que la alteración o riesgos sanitarios producidos fuesen de escasa entidad?

a) Muy grave.
b) Grave.
c) Leve.
d) Con amonestación.

28. ¿Cómo califica el Real Decreto 487/2022, de 21 de junio, la falta de corrección de las deficiencias observadas y que hayan dado lugar a una sanción previa de las consideradas leves?

a) Como infracción muy grave.
b) Como infracción grave.
c) Como infracción leve.
d) Como infracción penal.

29. ¿Cómo califica el Real Decreto 487/2022, de 21 de junio, la omisión de informes?

a) Como infracción muy grave.
b) Como infracción grave.
c) Como infracción leve.
d) Como infracción penal.

30. ¿Cómo califica el Real Decreto 487/2022, de 21 de junio, el tratamiento de las instalaciones con desinfectantes no autorizados por la Dirección General de Salud Pública?

a) Como infracción muy grave.
b) Como infracción grave.
c) Como infracción leve.
d) Como infracción penal.

31. ¿Cómo califica el Real Decreto 487/2022, de 21 de junio, la realización de actividades por personal que no disponga de la capacitación para realizar tratamientos?

a) Como infracción muy grave.
b) Como infracción grave.
c) Como infracción leve.
d) Con el cierre de la actividad.

32. ¿Cómo califica el Real Decreto 487/2022, de 21 de junio, la reincidencia en la comisión de infracciones leves?

a) Como infracción muy grave.
b) Como infracción grave.
c) Como infracción leve.
d) Con el cierre de la actividad.

33. ¿Cómo califica el Real Decreto 487/2022, de 21 de junio, las infracciones que se realizan de forma consciente y deliberada, siempre que se produzca un daño grave a la salud pública?

a) Como infracción muy grave.
b) Como infracción grave.

c) Como infracción leve.
d) Con el cierre de la actividad.

34. ¿Cómo califica el Real Decreto 487/2022, de 21 de junio, las infracciones consistente el incumplimiento de la orden dictada por la autoridad sanitaria de paralización total o parcial de la instalación?

a) Como infracción muy grave.
b) Como infracción grave.
c) Como infracción leve.
d) Con el cierre de la actividad.

35. ¿Cómo califica el Real Decreto 487/2022, de 21 de junio, la negativa absoluta a facilitar información o prestar colaboración a los servicios de control o inspección?

a) Como infracción muy grave.
b) Como infracción grave.
c) Como infracción leve.
d) Con el cierre de la actividad.

36. ¿Cómo califica el Real Decreto 487/2022, de 21 de junio, la reincidencia en la comisión de faltas graves en los últimos cinco años?

a) Como infracción muy grave.
b) Como infracción grave.
c) Como infracción leve.
d) Con el cierre de la actividad.

En MADTEST tienes **más preguntas de este tema**, y todos tus avances quedan registrados y se reflejan en el ranking.

¡Supera tus límites con MADTEST!

Solución al test n.º 19

1. d) Real Decreto 487/2022, de 21 de junio, por el que se establecen los requisitos sanitarios para la prevención y el control de la legionelosis.

2. a) Biocida.

3. c) Plan de Prevención y Control de Legionella.

4. b) No, se encuentran excluidas siempre y cuando no afecten al ambiente exterior de estos edificios.

5. b) Las personas físicas o jurídicas titulares de las instalaciones.

6. d) No, la contratación de la realización, total o parcial de las actividades contempladas en el real decreto con un servicio externo, no exime a la persona titular de la instalación de su responsabilidad.

7. b) Inferior a 20 ºC.

8. d) 60 ºC.

9. c) La persona titular de una instalación.

10. d) Limitar el acceso al personal vacunado.

11. c) La persona titular de una instalación.

12. d) Todas las anteriores son correctas.

13. b) Durante, al menos, cinco años desde su generación.

14. a) De la Organización Mundial de la Salud.

15. a) A la autoridad sanitaria.

16. c) Al Sistema de Información Nacional de Aguas de Consumo (SINAC).

17. c) El responsable técnico del Plan.

18. d) Todas las anteriores son correctas.

19. b) Del neutralizante específico en relación con el desinfectante utilizado en la desinfección.

20. b) La Red Nacional de Vigilancia Epidemiológica.

21. c) Entre los 15 y 30 días posteriores de la realización del tratamiento.

22. a) Ser sometidos a una vigilancia especial y continuada, según determine la autoridad sanitaria.

23. c) En el Registro Oficial de Establecimientos y Servicios Biocidas.

24. d) Todas las anteriores son correctas.

25. a) Tanto al personal propio como externo.

26. b) Sí, en todo caso.

27. c) Leve.

28. b) Como infracción grave.

29. b) Como infracción grave.

30. b) Como infracción grave.

31. b) Como infracción grave.

32. b) Como infracción grave.

33. b) Como infracción grave.

34. b) Como infracción grave.

35. b) Como infracción grave.

36. b) Como infracción grave.

Mantenimiento de ascensores, obligaciones del titular y realización del mantenimiento, según el Real Decreto que regula la Instrucción Técnica complementaria, "Ascensores", que regula la puesta en servicio, modificación, mantenimiento e inspección de los ascensores así como el incremento de la seguridad del parque de ascensores existente

1. ¿Mediante qué norma se aprobó la Instrucción Técnica Complementaria ITC AEM 1 «Ascensores», que regula la puesta en servicio, modificación, mantenimiento e inspección de los ascensores, así como el incremento de la seguridad del parque de ascensores existente?

a) Mediante el Real Decreto 2177/2004, que establece las disposiciones mínimas de seguridad y salud para la utilización por los trabajadores de equipos de trabajo en trabajos temporales en altura.

b) Mediante el Real Decreto 1027/2007, de 20 de julio, por el que se aprueba el Reglamento de Instalaciones Térmicas en los Edificios.

c) Mediante la Ley 38/1999, de 5 de noviembre, de Ordenación de la Edificación.

d) Mediante el Real Decreto 355/2024, de 2 de abril.

2. ¿Resulta de aplicación la Instrucción Técnica Complementaria ITC AEM 1 «Ascensores» a las escaleras mecánicas?

a) Sí, junto con otros tipos de elevadores.

b) Sí, aparecen expresamente incluidas en su ámbito de aplicación.

c) No, se encuentran expresamente excluidas de su ámbito de aplicación.

d) No, porque no están destinadas a edificios residenciales.

3. ¿Resulta de aplicación la Instrucción Técnica Complementaria ITC AEM 1 «Ascensores» a los aparatos de elevación de obras de construcción?

a) Sí, junto con otros tipos de elevadores.

b) Sí, aparecen expresamente incluidas en su ámbito de aplicación.

c) No, se encuentran expresamente excluidas de su ámbito de aplicación.

d) No, porque no están destinadas a edificios residenciales.

4. Según la definición ofrecida por el Real Decreto 355/2024, de 2 de abril, el ascensor se encuentra destinado al transporte de:

a) Personas.

b) Animales de compañía.

c) Objetos.

d) Todas las anteriores son correctas.

5. Según la definición ofrecida por el Real Decreto 355/2024, de 2 de abril, ¿qué inclinación horizontal debe tener un ascensor?

a) 7 grados.

b) Superior a 20 grados.

c) 45 grados.

d) Superior a 15 grados.

6. A efectos del Real Decreto 355/2024, de 2 de abril, ¿con qué término se identifica a la parte del ascensor en la que se sitúan las personas, animales de compañía, u objetos para ser elevados o descendidos?

a) Habitáculo.

b) Cabina.

c) Plataforma.

d) Cámara.

7. A efectos del Real Decreto 355/2024, de 2 de abril, ¿con qué término se identifica el documento en el que se definen los requisitos técnicos de un ascensor o componente de seguridad para ascensores?

a) Norma armonizada.

b) Acreditación.

c) Especificación técnica.

d) Licencia.

8. A efectos del Real Decreto 355/2024, de 2 de abril, ¿con qué término se identifica el proceso por el que se verifica si se satisfacen los requisitos esenciales de seguridad y salud en relación con un ascensor o un componente de seguridad para ascensores?

a) Puesta en funcionamiento.

b) Acreditación.

c) Especificación técnica.

d) Evaluación de la conformidad.

9. A efectos del Real Decreto 355/2024, de 2 de abril, ¿con qué término se identifica, en relación con un ascensor, cualquier medida destinada a conseguir el desmontaje y la eliminación segura de un ascensor y, en relación con un componente de seguridad para ascensores, cualquier medida destinada a conseguir la devolución de un componente de seguridad para ascensores ya puesto a disposición del instalador/a o del o la usuario/a final?

a) Puesta en funcionamiento.
b) Recuperación.
c) Reinicio.
d) Evaluación de la conformidad.

10. A efectos del Real Decreto 355/2024, de 2 de abril, ¿con qué término se identifica la velocidad de la cabina, en metros por segundo, para la que se ha construido el aparato elevador?

a) Velocidad nominal.
b) Velocidad relativa.
c) Aceleración.
d) Velocidad angular.

11. A efectos del Real Decreto 355/2024, de 2 de abril, ¿con qué término se identifica la combinación de todas las acciones técnicas, administrativas y de gestión realizadas durante el ciclo de vida de un elemento, destinadas a conservarlo o a devolverlo a un estado en el que pueda desarrollar la función requerida?

a) Revisión.
b) Reparación.
c) Mantenimiento.
d) Puesta en funcionamiento.

12. A efectos del Real Decreto 355/2024, de 2 de abril, ¿con qué término se identifica al suceso que interrumpa el servicio del ascensor, excluyendo el fallo en el suministro eléctrico, y que necesite de la intervención de la empresa conservadora para volver a ponerlo en funcionamiento, así como cualquier reparación que implique dejar fuera de servicio el aparato por un periodo superior a las 12 horas?

a) Avería.
b) Reparación.
c) Mantenimiento.
d) Fuera de servicio.

13. El instalador/a o fabricante deberá entregar al o la titular el original o una copia de toda la documentación necesaria para la puesta en servicio del ascensor y mantener una copia de la misma durante al menos, ¿qué periodo de tiempo?

a) Dos años desde que finalice el mantenimiento de los ascensores.
b) Tres años desde que finalice el mantenimiento de los ascensores.

c) Diez años desde que finalice el mantenimiento de los ascensores.

d) Siete años desde que finalice el mantenimiento de los ascensores.

14. ¿A quién corresponde poner en conocimiento de la empresa conservadora, mediante comunicación fidedigna de forma inmediata en caso de accidente, o en un plazo máximo de 24 horas en caso de anomalía en el funcionamiento, o cualquier deficiencia o abandono en relación con la debida conservación del ascensor?

a) A cualquier persona que presencie el accidente o deficiencia.

b) Al titular del ascensor.

c) Al técnico reparador.

d) Al servicio de emergencias que acuda a auxiliar en el accidente.

15. ¿Puede la inspección periódica del ascensor ser contratada por la empresa conservadora?

a) Sí, siendo habitual que dicho servicio se encuentre entre los prestados por la empresa conservadora.

b) No, la inspección periódica no podrá ser contratada en ningún caso por la empresa conservadora.

c) Sí, cuando el titular del ascensor delegue esta actividad en la empresa conservadora mediante autorización manuscrita.

d) Solamente en ascensores ubicados en edificios con un número de viviendas inferior a 30.

16. Cuando el titular decida dejar fuera de servicio temporal el ascensor, ¿a quién debe comunicarlo?

a) A todos los potenciales usuarios del ascensor.

b) A la empresa conservadora.

c) Al órgano competente de la comunidad autónoma.

d) A las personas con movilidad reducida que frecuenten el servicio del ascensor.

17. ¿A quién corresponde conservar el registro de mantenimiento del ascensor?

a) Al Registro de la Propiedad.

b) A la empresa conservadora.

c) Al órgano competente de la comunidad autónoma.

d) Al titular de la instalación.

18. ¿Cómo se denomina el documento de que deben disponer las empresas conservadoras para cada ascensor que incluya las actividades, los procedimientos, los recursos materiales y humanos, y la duración, así como toda aquella información necesaria para la realización de las tareas de mantenimiento en condiciones de seguridad?

a) Plan de Mantenimiento.

b) Especificación técnica.

c) Acreditación.
d) Historial del ascensor.

19. El Plan de Mantenimiento estará a disposición:

a) Del titular de la instalación.
b) Del órgano competente de la comunidad autónoma.
c) De cualquier comunero que lo solicite.
d) De la empresa conservadora.

20. La empresa conservadora deberá entregar al titular del aparato un boletín tras actuación. ¿Qué plazo tiene para entregar este boletín?

a) Un plazo máximo de siete días tras cada actuación.
b) No existe un plazo determinado.
c) Un plazo máximo de diez días tras cada actuación.
d) Un plazo máximo de treinta días tras cada actuación.

21. La documentación relativa a las modificaciones, además de mantenerse en el Registro de operaciones de mantenimiento, será conservada por el/la titular en el expediente técnico del ascensor. ¿Durante qué plazo?

a) Durante un plazo de 5 años.
b) Durante toda su vida útil.
c) Durante un plazo de un año.
d) Durante un plazo de diez años.

22. A efectos de la ITC, ¿con qué término se identifican las personas físicas o jurídicas que desarrollan las actividades de mantenimiento, rescates de personas y animales de compañía, reparación, modificaciones y desmantelamiento de los ascensores objeto de esta ITC, de acuerdo con las prescripciones que siguen?

a) Técnico especialista.
b) Empresas reparadoras de ascensores.
c) Empresas conservadoras de ascensores.
d) Técnico autorizado.

23. ¿Qué deben presentar antes de comenzar sus actividades como empresas conservadoras, las personas naturales o jurídicas que deseen establecerse en España deberán presentar ante el órgano competente de la comunidad autónoma?

a) Curriculum vitae.
b) Póliza del seguro de responsabilidad civil.
c) Una licencia.
d) Una declaración responsable.

24. Una vez presentada por la empresa conservadora la declaración responsable ante el órgano competente de la comunidad autónoma, este asignará, de oficio, un número de identificación a la empresa y remitirá los datos necesarios para su inclusión en:

a) El Registro Mercantil.
b) Agencia Española de Patentes y Marcas.
c) El Registro Integrado Industrial.
d) Colegio de Técnicos de Ascensores.

25. La declaración responsable habilita a la empresa conservadora desde el día de su presentación, ¿por qué periodo de tiempo?

a) Con una duración indefinida.
b) Por un periodo de quince años.
c) Por un periodo de cinco años.
d) Por un periodo de diez años.

26. ¿Qué cobertura mínima debe tener el seguro de responsabilidad civil profesional que debe tener suscrito la empresa conservadora?

a) Cobertura mínima de 300.000 euros por accidente.
b) Cobertura mínima de 1.000.000 euros por accidente.
c) Cobertura mínima de 100.000 euros por accidente.
d) Cobertura mínima de 600.000 euros por accidente.

27. Cuando sea solicitado por el titular para corregir averías que ocasionen la parada del ascensor, la empresa conservadora se encuentra obligada a enviar a su personal, ¿en qué plazo máximo de tiempo?

a) En el plazo máximo de 72 horas.
b) En el plazo máximo de una semana.
c) En el plazo máximo de 24 horas.
d) En el plazo máximo de 48 horas.

28. La empresa conservadora deberá garantizar la corrección de las deficiencias atribuidas a una mala ejecución de las operaciones que les hayan sido encomendadas, así como de las consecuencias que de ellas se deriven, ¿durante qué periodo de tiempo?

a) Durante un periodo de dos años.
b) Durante un periodo de un año.
c) Durante un periodo de seis meses.
d) Durante un periodo de cuatro años.

29. A los efectos del Real Decreto 355/2024, de 2 de abril, ¿con qué término se identifica a la persona física que tiene conocimientos suficientes para desempeñar las actividades de mantenimiento y modificaciones importantes a que se refiere la ITC?

a) Titular de la instalación.
b) Conservador de ascensores.
c) Técnico reparador.
d) Operario.

30. ¿Con qué término denomina la ITC a los cambios en ascensores ya existentes que no pueden ser considerados como operaciones de simple mantenimiento o reparación, o que afecten únicamente a la estética del ascensor?

a) Modificación.
b) Reparación.
c) Alteración
d) Sustitución.

31. ¿Puede realizarse la modificación de un ascensor por una empresa distinta de la que tiene contratada la conservación?

a) No, la empresa conservadora vendrá obligada a acometer la modificación.
b) Sí, debiendo la empresa que va a realizar la modificación notificar a la empresa conservadora esta circunstancia, indicando la fecha de comienzo.
c) Sí, previa resolución del contrato con la empresa conservadora y la contratación a futuro de la conservación con la nueva empresa que realice la modificación.
d) No, salvo que la empresa mantenedora justifique la falta de medios para acometer la modificación.

32. ¿Cuáles de los siguientes puede realizar una modificación de un ascensor?

a) El instalador cuando se trate de sus propios ascensores.
b) El fabricante cuando se trate de sus propios ascensores.
c) Una empresa conservadora.
d) Todas las anteriores son correctas.

33. ¿Puede estar en servicio el ascensor durante el periodo de realización de una modificación?

a) Sí, no existe inconveniente.
b) No, no podrá estar en servicio.
c) Sí, en aquellas instalaciones en que no exista otro ascensor disponible.
d) Excepcionalmente, el titular podrá solicitarse que se mantenga en servicio el ascensor bajo su responsabilidad.

34. ¿Cuál de las siguientes no es una de inspecciones previstas en el Real Decreto 355/2024, de 2 de abril?

a) Inspecciones iniciales.
b) Inspecciones periódicas.
c) Otras inspecciones.
d) Inspecciones aleatorias.

35. Para que sea posible su puesta en servicio, ¿cómo debe ser el resultado de la inspección inicial de un ascensor?

a) Positiva.
b) Subsanable.
c) Favorable sin defectos.
d) Apta sin deficiencias a corregir.

36. ¿Con qué periodicidad deben realizarse las inspecciones periódicas en ascensores instalados en edificios de uso industrial?

a) Cada dos años.
b) Cada año.
c) Cada tres años.
d) Cada cinco años.

37. ¿Con qué periodicidad deben realizarse las inspecciones periódicas en ascensores instalados en edificios de más de veinte viviendas?

a) Cada dos años.
b) Cada año.
c) Cada cuatro años.
d) Cada cinco años.

38. ¿En cuál de los siguientes casos el órgano competente de la comunidad autónoma en uso de sus atribuciones legales podrá solicitar la realización de una inspección a un organismo de control?

a) Tras un accidente con daños a las personas.
b) Tras un accidente con daños a los animales.
c) Cuando así lo determine el órgano competente de la comunidad autónoma en uso de sus atribuciones legales.
d) Todas las anteriores son correctas.

39. Acaecido un accidente sin daños a personas, animales, ni a elementos relevantes de la instalación, ¿puede el órgano competente de la comunidad autónoma?

a) Sí, ya que el órgano competente de la comunidad autónoma podrá solicitar la realización de la inspección, además de los casos previstos en el enunciado, cuando se produzcan daños a los bienes o cuando lo estime pertinente en uso de sus atribuciones legales.
b) No, ya que no se han producido daños a personas.
c) No, ya que no se han producido daños a los animales.
d) No, ya que no se han producido daños relevantes en la instalación.

40. La empresa conservadora notificará al o la titular del ascensor, de forma fidedigna, la fecha en la que corresponde realizar la próxima inspección periódica, ¿con qué antelación?

a) Con una antelación mínima de un mes.
b) Con una antelación mínima de tres meses.
c) Con una antelación mínima de seis meses.
d) Con una antelación mínima de quince días.

41. ¿Cuál de las siguientes no forma parte de la documentación que debe tener a su disposición el organismo de control antes de iniciar una inspección?

a) Número R.A.E. del ascensor objeto de la inspección.
b) Copia del último certificado de inspección.
c) Justificante de pago de la tasa municipal por el ejercicio el curso.
d) Registro de mantenimiento donde conste el histórico de averías y accidentes del año anterior a la fecha de inspección.

42. ¿Con qué término se identifica a la desviación de la instalación respecto de las condiciones de seguridad reglamentarias apreciada como resultado de una inspección?

a) Defecto.
b) Avería.
c) Daño.
d) Incidencia.

43. ¿Cómo califica la ITC aquel incumplimiento reglamentario que no supone un peligro inmediato para la seguridad de las personas, los animales de compañía o las cosas, pero que puede serlo en el caso de un fallo de la instalación o bien puede disminuir la capacidad de utilización de la misma?

a) Defecto leve.
b) Defecto grave.

c) Defecto muy grave.
d) Infracción.

44. ¿Cómo califica la ITC el defecto que la razón o la experiencia determina que constituye un riesgo inminente para la seguridad de las personas, los animales de compañía o puede ocasionar daños en la instalación?

a) Defecto leve.
b) Defecto grave.
c) Defecto muy grave.
d) Infracción.

En MADTEST tienes **más preguntas de este tema**, y todos tus avances quedan registrados y se reflejan en el ranking.

¡Supera tus límites con MADTEST!

Solución al test n.º 20

1. d) Mediante el Real Decreto 355/2024, de 2 de abril.

2. c) No, se encuentran expresamente excluidas de su ámbito de aplicación.

3. c) No, se encuentran expresamente excluidas de su ámbito de aplicación.

4. d) Todas las anteriores son correctas.

5. d) Superior a 15 grados.

6. a) Habitáculo.

7. c) Especificación técnica.

8. d) Evaluación de la conformidad.

9. b) Recuperación.

10. c) Especificación técnica.

11. c) Mantenimiento.

12. a) Avería.

13. c) Diez años desde que finalice el mantenimiento de los ascensores.

14. b) Al titular del ascensor.

15. b) No, la inspección periódica no podrá ser contratada en ningún caso por la empresa conservadora.

16. c) Al órgano competente de la comunidad autónoma.

17. d) Al titular de la instalación.

18. a) Plan de Mantenimiento.

19. b) Del órgano competente de la comunidad autónoma.

20. c) Un plazo máximo de diez días tras cada actuación.

21. b) Durante toda su vida útil.

22. c) Empresas conservadoras de ascensores.

23. d) Una declaración responsable.

24. c) El Registro Integrado Industrial.

25. a) Con una duración indefinida.

26. d) Cobertura mínima de 600.000 euros por accidente.

27. c) En el plazo máximo de 24 horas.

28. a) Durante un periodo de dos años.

29. b) Conservador de ascensores.

30. a) Modificación.

31. b) Sí, debiendo la empresa que va a realizar la modificación notificar a la empresa conservadora esta circunstancia, indicando la fecha de comienzo.

32. d) Todas las anteriores son correctas.

33. b) No, no podrá estar en servicio.

34. d) Inspecciones aleatorias.

35. c) Favorable sin defectos.

36. a) Cada dos años.

37. c) Cada cuatro años.

38. d) Todas las anteriores son correctas.

39. a) Sí, ya que el órgano competente de la comunidad autónoma podrá solicitar la realización de la inspección, además de los casos previstos en el enunciado, cuando se produzcan daños a los bienes o cuando lo estime pertinente en uso de sus atribuciones legales.

40. b) Con una antelación mínima de tres meses.

41. c) Justificante de pago de la tasa municipal por el ejercicio el curso.

42. a) Defecto.

43. b) Defecto grave.

44. c) Defecto muy grave.

Cómo acceder al Curso

Oficial de Mantenimiento
Test del temario

El uso de los códigos **es exclusivo de los compradores de los productos de Editorial MAD**. Cada producto posee un código único y de un solo uso. Es personal e intransferible y da acceso a servicios y contenidos adicionales. Editorial MAD se reserva el derecho de hacer cuantas comprobaciones sean necesarias para identificar al legítimo poseedor del código y dejar de dar servicio a quien haga uso fraudulento del mismo, además de emprender cuantas acciones legales estime oportunas según la legislación vigente.

Deberás acceder a:

mad.es/registro-campus

Si una vez aceptadas las condiciones de uso del Campus decides hacer uso del mismo, necesitarás del siguiente código de acceso junto con los códigos del resto de títulos que se exigen (si fuera el caso):

XUW6BZGTPI